KB237366

에스파한

제국의 흥망성쇠를 담고 있는 이란의 진주

차례
Contents

세계의 절반, 에스파한

이란하면 떠오르는 이미지는 대부분 부정적인 것이다. 2005년 아마디네자드 대통령 취임 이후 강경 일변도로 나가는 외교 정책으로 인해 그러한 이미지가 더욱 부각되었다. 기존에 가지고 있던 이슬람 혁명, 8년간의 이란·이라크 전쟁, 근본주의 이슬람의 대명사 호메이니, 검은 차도르, 테러 배후 세력 등의 이미지에 핵개발로 인해 세계 평화를 위협하는 위험 국가의 이미지가 더 추가되었다. 이 외에도 중동의 축구 강국으로 여겨지고 있다. 또한 사막과 열사의 나라로 눈이 내리지 않으며 겨울조차 존재하지 않는 나라로 상상한다. 그러나 실제 이란을 여행해 보면 이 같은 상상 속 이미지와는 상당한 거리가 있음을 깨닫게 된다.

겨울이 없을 것 같은 이란에는 세계에서 손꼽히는 스키장들이 있다. 이 스키장들은 해발 3,000미터에 위치하고 있어 일 년 중 반이 눈으로 덮여 있다. 슬로프 길이가 대략 900미터 정도 하는 곳도 존재하는데 겨울이면 많은 남녀들이 스키뿐만 아니라 스노보드를 즐기기도 한다.

상상 속의 이란 여자들은 차도르(이란 여성들이 머리에서 발끝까지 가리는 천)로 자신을 꽁꽁 싸매고 이란 남자는 물론이고 외국 남자와 눈도 안 마주칠 것 같다. 만약 일대일로 이야기라도 나누면 큰 봉변을 당할 것이라고 생각하지만, 실상은 이란 여성들이 먼저 다가와 "Where are you from?"이라고 친근하게 묻곤 한다.

이란은 우리가 상상했던 그런 나라가 아니다.

그중에 에스파한은 상상 이상의 도시이다. 이란인들과 이란을 여행한 대부분의 외국 여행객들이 추천하는 가장 아름다운 도시가 바로 '이란의 진주' 에스파한이다. 사파비 왕조(7세기 아랍 이슬람의 침입 이후 1501년 최초로 만들어진 페르시아 독립왕조, 시아 이슬람을 국교로 정함) 이후 수백 년간의 아름다움을 그대로 뽐내고 있는 페르시아적인 아름다움을 가장 잘 간직한 도시다.

에스파한(Esfahan)이라는 도시의 이름도 '네스페자한(Nesf-e Jahan)' 즉, 세상의 절반이라는 단어에서 왔다. 세상의 절반의 아름다움을 가졌다 혹은 세상의 절반을 줘도 바꾸지 않을 아름다움을 지녔다는 시적인 의미이다. 이 도시의 전통과 아름다움이 인정받아, 2006년에는 이슬람 전체 국가의 문화 수도로 지정되었다.

역사적으로 다양한 왕조의 흥망성쇠를 경험했으며 많은 종족들과 여러 종교들이 공존하는 도시이다. 이슬람 국가로 국교는 시아 이슬람을 표방했지만 유대교인들과 조로아스터교인, 기독교인들이 평화롭게 함께 살아가는 독특한 도시이기도 하다.

페르시아 문화의 특징인 다양한 문화적 혼합을 경험할 수 있는 도시, 포용성으로 여러 종교를 품고 있는 에스파한으로 여행을 떠나보자.

에스파한의 역사

에스파한의 옛 이름은 세파한(Sepahan)이다. 군영 도시, 즉 군대의 집결지라는 의미를 가지고 있다. 이 도시가 언제 시작되었는지 확실하지 않다. 그러나 가장 오래된 역사 문헌에 의하면 이란의 최초 고대 국가인 엘람(Elam, 약 BC 3000~BC 640)의 주요 도시 중 하나인 안산(Anshan)의 부속 도시였다고 한다. 당시 에스파한에서 엘람의 수도였던 수사(Susa: 현재 이란 남서부 슈쉬 지역)로 이주해 온 사람들에 대한 기록이 남아있다.

아케메니드 페르시아(Achaemenid Persia: 성경 속 바사 제국, BC 550~BC 330) 시기에는 가바(Gaba)라고 불리며 왕들이 여름휴가를 지내었던 곳이기도 했다 현재 제이(Jay)라는 에스파한의 지역에 흔적이 남아있다.

파르티아(Parthian: 성경 속 바대제국, BC 250~AD 226) 시기에도 에스파한은 파르티아 왕실의 고위 친인척이 직접 와서 다스릴 정도로 중요한 요충지였다. 또한 파르티아 제국의 마지막 왕인 아르타바누스 5세(Artabanus V)가 사산조 페르시아 군대에게 죽은 곳도 에스파한 인근의 골파예간(Golpayegan)이라고 한다.

사산조 페르시아(Sasanid Persia, AD 226~AD 651) 시대에는 왕자를 교육시키는 장소로 사용되었고, 이란의 7대 가문 중에 한 가문이 이곳을 다스렸다고 한다. 근대 왕조인 카자르(Qazar, AD 1796~AD 1925) 시대에도 황태자의 통치 교육을 위해 전략적 요충지인 타브리즈(Tabriz)로 보낸 것처럼 왕자를 교육시키는 도시는 상당히 영향력이 있었다.

사산조 시대에 제이(Jay) 지역은 에스파한의 중심지로 샤흐레스탄(Shahrestan)이라고 불렸다. 자얀데(Zayande) 강에는 당시에 만들어진 샤흐레스탄 다리가 있다.

에스파한에는 유독 유대인들이 많이 사는데 구약성서에 나오는 신新바빌로니아의 네브카드레자르(Nebuchadrezzar: 성경 속 느브갓네살, BC 630~BC 561)의 예루살렘 정복 이후 예루살렘에서 끌려온 많은 사람들이 에스파한에 정착했다. 특히 에스파한에 유대인이 많아진 이유는 사산조 페르시아의 야즈드게르드 1세(Yazdgerd I)가 자신의 유대인 부인을 위해서 에스파한에 유대인 정착촌을 만들면서 급격히 증가하게 되었다. 그는 국교인 조로아스터교 외에도 기독교, 불교, 유대교 등 다른 종교에 대해서 관대한 정책을 시행했고 특히 유대인들을 보호했다.

　이슬람의 침입 이후에 에스파한은 압바스(Abbasid) 왕조의 통제에 있다가 10세기에 들어서서 점차로 옛 영광을 되찾는다. 카스피 해(Caspian Sea) 인근의 마잔다란(Mazandaran)과 고르간(Gorgan)을 중심으로 힘을 규합했던 마르다비즈(Mardavij)는 에스파한을 수도로 지여르 왕조를 세운다. 그는 옛 페르시아 문화의 복원을 주장하며 노우르즈(Nowruz, 3월 21일 춘분을 새로운 해의 첫날로 하는 조로아스터교 절기) 같은 옛 페르시아 축제를 다시 시삭했다.

　지여르조를 이은 부예조는 에스파한을 문화의 중심 도시로 만들었다. 시아파를 표방하던 부예조는 수니파 압바스 왕조의 수도 바그다드를 점령할 정도로 강력한 힘을 가졌다. 이들은 에스파한에 많은 건물들을 지었으며 이곳을 은세공과 도자기, 비단의 중심지로 육성했다.

　이슬람 제국 중에 가장 광대한 영토를 점령했던 투르크계 왕조인 셀죽 왕조도 수도를 에스파한으로 정하였다. 부예와 셀죽을 거치면서 에스파한에는 많은 유명 건축물들이 세워졌었다.

　그러나 안타깝게도 많은 고대 건축물들이 몽골과 티무르의 침입으로 완전히 파괴되었다.

　13세기에 있었던 몽골의 침입은 에스파한 시의 절반 이상을 초토화시킬 정도로 파괴력이 강했다. 에스파한 사람들은 아직도 몽골의 침입을 잊지 못하고 있다. 그러나 이보다 더 참혹한 피해를 준 것은 티무르의 침입이다. 티무르는 당시 7만

명 이상의 사람들을 살육했으며 잘린 머리가 에스파한 시내에 산을 이루었다고 전해지고 있다. 또 그 피가 자얀데 강으로 흘러가 강이 핏빛으로 물들었다고 전해지고 있을 정도이다.

이때부터 에스파한 사람들은 외세의 침입을 대비해 늘 여분의 돈과 음식물은 아껴서 비축하기 시작했다. 이 습관이 대대로 수백 년을 내려오면서 다른 지역 사람들은 에스파한 사람들은 늘 자신의 것을 챙기는 '짠돌이'라고 부르게 되었다.

이 황폐해진 도시 위에 새로운 생명력을 불어넣은 것이 바로 압바스 1세(Abbas I)이다. 사파비 왕조의 5대 왕으로 등극한 압바스는 제국의 수도를 에스파한으로 천도하고 자신의 이름을 길이 남길 아름다운 도시를 건설한다.

그러나 사파비 왕조의 몰락으로 다시 에스파한의 영광은 재현되지 않았다. 여러 왕조를 거쳐 카자르 왕조 시대에 결국 테헤란이 수도로 정해지면서 이란의 중심지는 테헤란으로 옮겨가게 된다.

에스파한은 역사적 굴곡 속에서 흥망을 거듭해 왔다. 이슬람 침입 이후에 왕조의 흥망을 확인할 수 있는 곳이 바로 에스파한의 자메 모스크(Jame Mosque)이다. 이곳은 각 왕조들이 부분 부분을 증·개축을 하면서 각 왕조 시대의 건축양식을 비교해 볼 수 있는 흥미로운 곳이 되었다.

에스파한의 영웅 – 압바스 왕

에스파한과 사파비 왕조를 이야기 할 때 빼놓을 수 없는 인물, 에스파한에 사는 대부분의 사람들이 침이 마르도록 칭찬하는 인물, 심지어 사파비 왕조의 시작이 이 왕으로부터라고까지 생각하게 하는 인물이 바로 압바스 1세이다.

1501년 사파비 왕조의 시조始祖 이스마일 왕은 그의 가문을 추종하던 타브리즈(Tabriz) 인근에서 투르크계 귀족 연합체인 키질바시(Qizil-Bash: '붉은 두건'이라는 뜻으로 당시 투르크계 부족 연합들이 붉은 두건을 쓰고 다니던 것에서 기인함)들과 함께 나라를 열었다. 그러나 점차 키질바시의 힘이 커져 왕권은 위축되었다. 한편 오스만(터키)의 위협에서 벗어나기 위해 수도를 가즈빈(Qazvin)으로 천도한 타흐마습 1세가 죽고 나자 후계자 자리를 놓고 왕족, 부족 간에 다툼이 있었다. 후계자 계승 전쟁을 평정하고 왕위에 오른 사람이 바로 압바스 1세이다.

그는 17세에 왕위에 오르고 나서 어수선하던 나라를 바로잡고 사파비조의 황금기를 연다. 그가 처음으로 한 일은 동쪽과 서쪽 국경을 호시탐탐 노리던 우즈베크와 오스만을 제압하고 국경을 안정시킨 것이었다. 한 번에 두 나라와 상대할 수 없는 것을 알고 있던 압바스 왕은 오스만에 이란 서부 지역의 영토를 양도하고 평화조약을 체결한 후에 우즈베크와 전쟁에 전념하여 승리로 이끈다. 그리고 영국인 형제 로버트 셜리(Robert Shirley)와 안토니 셜리(Antony Shirley)의 도움으로 무기의 현대화 작업을 완성하여 오스만과 전쟁을 치른다. 이 지루한 전쟁은 20년 이상 소요되었으나 결국 이란의 승리로 막을 내렸다. 또 남부 페르시아 만을 점령한 포르투갈을 제압하기 위해 영국 군대를 이용하였다. 당시 호르모즈 해협과 바레인, 곰브룬 항구를 점령하고 있던 포르투갈 해군을 영국 해군과 협력하여 몰아냈다. 이 일로 인해 곰브룬 항구의 이름은 압바스 항으로 바뀌었다. 지금 이란의 최대 무역항이 된 반다르 압바스(Bandar Abbas)가 바로 이 항구이다.

당시 영국은 포르투갈과 함께 제국주의의 선두 국가였지만 이란의 영향력 강화를 위해 압바스 왕이 내민 손을 잡을 수밖에 없었다. 압바스 왕은 명민한 머리로 외교와 무력을 적절하게 사용할 줄 아는 왕이었다.

그는 국내 안정을 위해서 나라의 혼란을 부채질하던 여러 부족들의 반란을 진압한다. 가장 큰 위협 세력이던 키질바시의 힘을 새로운 군대 양성을 통해 약화시켰다. 또한 다시 수도를 에스파한으로 천도하여 중앙집권적인 강력한 나라를 세운다.

그는 중앙집권적인 강력한 나라를 세우려는 목적으로 왕권 강화 정책을 취했다. 이를 위한 첫 번째 정책으로 시아 이슬람 성직자들을 자신의 권위 아래 두었다. 그는 이슬람 성직자들에게 토지를 나누어 주었고 이들에게 왕의 특권인 토지에 대한 세금을 징수할 수 있는 권리까지도 부여하였다. 이 일로 인해 시아파 성직자들은 경제적인 자립 능력을 갖게 되었다. 역설적으로 이때 커지기 시작한 성직자들의 힘은 후에 사파비 왕조를 망하게 한 원인 중 하나가 되었다.

사파비 왕조는 시아파를 국교로 내세웠지만 왕조 스스로가 이맘(Imam: 이슬람의 교조 무함마드로부터 이어지는 혈통적인 후손이자 시아파의 성인들)과 혈통적으로 연관이 없었기 때문에 시아파에서 말하는 이맘과 그의 혈통이 다스리는 이상적인 나라와는 거리가 멀었다. 이처럼 사파비 왕조는 종교적 정통성이 없었으므로 개국 초기부터 약점을 제거하기 위해 시아파 7대 이맘의 후예라고 주장하였다. 그리고 이의를 제기할 수 있는 시아 성직자들을 철저히 왕권 아래 두어서 비판을 못하도록 통제하는 정책을 취했다. 이 정책을 가장 잘 실행한 대표적인 왕이 바로 압바스 1세이다. 그리고 시아 성직자들을 정치적으로도 잘 활용하여 당시 가장 큰 세력을 가지고 있던 키질바시를 견제하는 세력으로 사용하였다.

강력한 왕권을 바탕으로 경제개발 우선 정책을 취했던 압바스 왕이 심혈을 기울였던 경제 부흥책은 아르메니아인들을 통한 유럽과의 무역 증대였다. 그는 이 일을 위해 이란의 북서쪽에 위치한 졸파(Jolfa) 지역에서 아르메니아인들을 대거 이주시켰다. 이들을 위한 경제특구를 자얀데 강 남쪽에 마련하여 아르메니아인들만 이곳에 거주하고 자신들의 지도자를 뽑으며 자신들의 종교생활을 유지할 수 있는 특권을 주었다. 이슬람 국가의 왕으로 이들에게 교회를 지어줄 정도로 이들을 귀하게 대접했다. 압바스 왕의 노력은 성과를 거두어 유럽과의 교역이 확대되었으며 경제적 성장을 이루었다.

그러나 무엇보다도 압바스 왕의 이름이 빛나는 이유는 에스파한을 세계적으로 인정받는 아름다운 도시로 만들었기 때문이다. 그는 왕권 강화 측면에서 당시 수도였던 가즈빈에서 에스파한으로 1598년 천도했다.

압바스 왕은 높은 수준의 예술적, 미적 안목을 가지고 있었다. 그가 헤라트(Herat)의 지방 영주로 있을 때부터 미술품에 대해 진품 평가와 가치 평가를 할 정도로 예술에 대한 식견을 가지고 있었다. 그는 각지의 뛰어난 장인들을 모아 에스파한을 새롭게 만들기 시작했다. 지금까지 남아있는 거의 모든 건축물과 그 안의 문양과 작품들이 압바스 왕의 후원으로 만들어졌다고 해도 과언이 아닐 정도이다.

비록 어렵게 얻은 권력에 대한 집착과 지나친 욕심으로 인기 있던 자신의 아들을 죽이고 왕권에 위협이 되는 모든 것들을 철저히 제거한 냉혹한 왕이었지만 그의 예술과 문화에 대한 사랑은 에스파한 도시를 이슬람 국가 중 제일의 아름다움을 간직한 도시로 만들었다.

한 폭의 그림, 이맘 광장

이란 근대 정치사에 아니 세계 근대 정치사에 가장 큰 사건 중에 하나가 바로 1979년에 일어났던 이슬람 혁명일 것이다. 이 혁명을 기점으로 이란은 급격한 변화를 경험했다. 사회 전체 시스템이 통째로 바뀌면서 사람들은 엄청난 변화에 대한 스트레스를 겪었고 지금도 그 진통이 완전히 가시지 않았다.

이란에서 일어난 정치·경제·사회·문화적 변화 중 직접 눈으로 확인할 수 있는 것 중에 하나가 바로 거리와 주요 유적지 혹은 건물 이름의 변화이다. 혁명 이전의 거리 이름들은 샤(이란의 왕)의 사상적 잔재가 남아있다고 해서 이슬람적이고 혁명적인 이름으로 바뀌었다. 이란 도시 어디를 여행해도 거리와 광장 이름이 거의 일치하는 것을 볼 수 있다. 가장 흔한 이름이 혁명 광장, 자유 광장, 이맘 광장, 후세인 광장, 호메이니 거리 등이다.

에스파한의 명물 아니 이란의 명물인 이맘 광장도 그 피해(?)를 입은 대표적인 사례이다. 지금은 이맘 호메이니의 이름을 따서 이맘 광장 혹은 이맘 호메이니 광장이라고 부르지만 원래 이름은 낙쉐자한(Naqsh-e Jahan)이다. 원래의 의미는 '세상의 원형'이라는 의미이다.

파라다이스(Paradise)라는 단어의 어원이 된 고대 페르시아 정원은 성경에서 인간을 위해 하나님이 만들어 준 에덴동산을 닮았다고도 하고 천국과 낙원의 모습을 그대로 옮겨 놓았다고도 할 정도로 그 아름다움이 인정받는 곳이었다. 이 낙원을 의미하는 페르시아의 고대 정원의 모습을 가장 잘 나타내고 있는 곳이 바로 이맘 광장이다. 태곳적 아름다움을 간직하고 본래 아름다운 형태를 구현하고자 했던 건축가의 의도가 이름에 들어간 것이 아닌가 추측한다.

그 이름처럼 이란하면 떠오르는 가장 유명한 곳이 바로 이맘 광장이고 낙쉐자한이라는 이름에 걸맞은 아름다움을 소유하고 있다. 이 광장은 유네스코 세계문화유산으로 등재되어 있으며 길이 510미터, 너비 163미터로 중국의 천안문 광장 다음으로 세계에서 두 번째로 큰 광장이다.

압바스 1세가 사파비 왕조의 수도를 에스파한으로 천도하면서 가장 심혈을 기울여 만든 곳이 바로 이맘 광장이다. 당시 궁정 건축가였던 알리 아크바르 에스파하니(Ali Akbar Esfahani)가

이맘 광장

설계하였다.

직사각형의 광장에는 동서남북으로 각 방향을 대표하는 건축물이 자리 잡고 있다. 마치 사방을 지키는 수호신처럼 광장의 각 방향을 지배하고 있다. 북쪽으로는 길이만 1킬로미터 이상 되는 거대한 바자르(Bazaar, 이란의 전통 시장)의 출입구가 있다. 이곳은 에스파한 사람들의 삶의 중심 터전으로 모든 물건의 집산지라고 볼 수 있다. 남쪽으로는 블루 모스크로 불릴 정도로 파란색 타일이 인상적인 이맘 모스크, 동쪽으로는 에스파한의 파란색 타일과 어울리지 않는 듯 어울리는 크림색 타일의 돔을 자랑하는 여성스런 쉐이크 롯폴라 모스크가 위치해 있다. 서쪽에는 압바스 왕이 살았던 궁전인 알리카푸가 있다. 이슬람 건축에서 모든 모스크는 끼블라(Kiblah, 메카의 카바 방향)로 지어야 하기 때문에 쉐이크 롯폴라 모스크와 이맘 모스크는 약 45도 정도 방향이 틀어져 있다. 광장 안에서는 느낄 수 없지만 이맘 광장을 가장 잘 볼 수 있는 알리카푸의 발코니에

올라서 보면 느낄 수 있는 이 부조화는 오히려 이맘 광장이라
는 한 폭의 그림의 완성을 나타낸다. 직사각형의 광장과 맞닿
아 있는 틀어진 건물은 짜인 틀에 자유를 지향하는 '부조화의
어울림'이라는 모순적이지만 새로운 건축적 미학을 창조해
냈다.

지금과 같은 형태인 중앙 분수대와 사방으로 깔린 잔디 공
원은 최근인 팔레비 왕조(AD 1925~AD 1979) 시대에 만들어졌
다. 고대 페르시아 정원의 형태를 완벽하게 복원하여 가운데
분수가 나오는 연못이 있고 이 분수를 중심으로 전체를 4등분
한 기하학적으로 완벽한 형태이다. 물론 지금도 아름답고 많
은 사람들이 찾지만 사실 처음 만들어진 사파비조의 압바스
왕 때는 더 활발하게 사용되었다.

알리카푸 궁전 앞을 제외하고 대부분의 지역에 상인들이
광장에 모여 장사를 했고, 일주일에 한 번은 한국의 5일장처
럼 에스파한 주변 각 지역에서 자신들의 특산물을 가지고 와
서 큰 장을 세웠다. 이 특별한 날 말고도 매일 이곳에는 많은
사람들이 모여 있었으며 성직자들은 한쪽에서 쿠란(Quran)을
가르치고 이야기꾼들은 사람들을 모아 페르시아 신화와 옛 이
야기로 입담을 자랑했다. 바자르(Bazaar) 입구에는 커피 전문점
이 있어서 많은 사람들이 커피를 마시고 담배를 피우며 사는
이야기를 나누었다. 그 풍경을 상상만 해도 얼마나 분주하게
사람들이 왕래하며 소통했을지 알 수 있다. 지금도 물론 바자
르 입구의 2층에 차이하네(Chai khane, 찻집)가 있어서 광장을 내

려다보며 과거의 모습을 회상해 볼 수 있다. 이곳은 예전 커피 전문점처럼 이란 사람이 모여서 이야기보따리를 풀어놓던 휴식처라기보다 이란 전통 찻집을 경험하고 싶은 외국인과 이맘 광장 전체를 내려다보면서 휴식을 즐기려는 관광객들을 위한 공간으로 더 잘 사용되고 있다.

이뿐만 아니라 폴로(Polo, 이란어로 '초건')를 즐겨 했던 압바스 왕은 이곳에서 폴로 경기를 직접 했을 뿐만 아니라 외국에서 사신이 오면 알리카푸 궁전의 발코니에 올라가 함께 폴로 경기를 관람했다. 지금도 이맘 모스크와 바자르 입구에는 폴로 골대로 사용되었던 돌기둥이 남아있다.

현재 이맘 광장은 이란의 대표적 관광지답게 과거부터 존재했던 상점들이 현재는 모두 에스파한과 이란 특산물을 파는 관광 상품 전문점으로 변신했다. 물가가 비싼 테헤란과는 다르게 이곳에서는 이란과 에스파한의 특산품을 저렴한 가격에 구입할 수 있다. 더불어 페르시아 상인들과 직접 흥정해 보는 재미도 느낄 수 있다.

이 외에도 마차를 타고 이맘 광장을 한 바퀴 도는 것도 이제는 이맘 광장의 명물이 되었다. 에스파한 전체가 그렇지만 이맘 광장도 밤에 비추는 조명과 함께 감상하면 두 배 아니 몇 배의 감동을 느낄 수 있다.

왕의 휴식과 접견의 공간 – 알리카푸 궁전

열정적으로 왕국을 다스렸던 압바스 왕이 휴식을 취하며 자신만의 특별한 공간을 가지고 있었던 곳이 바로 알리카푸 궁전이다. 이곳은 발코니의 오래된 목조 기둥으로 인해서 늘 공사 중인 곳이기도 하다.

1597년에 완공된 이 궁은 이맘 광장이 한눈에 보이는 유일한 장소라고도 할 수 있다. 그래서 늘 관광객으로 북적이고 사진을 찍는 각국의 사람들을 만날 수 있는 곳이다.

압바스 1세가 외국의 손님들을 접대하기 위해 만든 발코니와 문화예술의 애호가이자 음악을 즐기고 좋아했던 자신을 위해 음악감상실과 개인 휴식 공간들을 만들어 놓은 자신만의 공간이 있는 궁이다.

'알리의 문'이라는 의미를 가지고 있는 알리카푸 궁전은 비밀을 간직하고 있다. 입구로 들어가기 전 외부에 출입구와 같은 공간이 존재하는데, 그 공간의 대각선 방향 모서리 벽에다 대고 작은 소리로 속삭이면 대각선 모서리 쪽에 귀를 기울이고 있는 사람에게 그대로 그 소리가 전달되어 온다. 아무리 작은 소리로 속삭여도 들을 수 있다. 사람들이 이 신기한 현상을 알고 너무 많이 모서리에 대고 속삭여서 이미 모서리는 새까맣게 때가 탔을 정도이다.

알리(Ali)는 무함마드의 사촌이자 사위로 제4대 칼리프이자 시아 이슬람의 제1대 이맘이다. 알리를 존경하고 따랐던 압바

알리카푸 궁전

알리카푸의 음악감상실 문양

스 왕은 알리의 무덤이 있는 이라크 나자프(Najaf)의 문을 그대로 본떠서 궁의 문을 만들었다. 또한 죄를 짓고 이 문으로 들어온 사람은 왕조차도 문을 열고 잡아가지 못하는 법을 만들어서 도피성의 역할을 하도록 했다.

또 하나 흥미로운 사실은 알리카푸라는 궁전이 이미 터키에 존재하고 있다는 것이다. 당시 시아 이슬람을 국교로 하는 사파비 왕조는 압바스 왕조가 무너지고 수니파 이슬람의 수장 역할을 하고 있던 오스만튀르크와 라이벌 관계였다. 수니 무슬림 국가들 사이에 홀로 떠 있는 섬과 같았던 이란을 강력하게 성장시킨 압바스 왕은 오스만튀르크에 있는 알리카푸보다 더 큰 왕궁을 짓고자 했다. 이러한 질투심과 경쟁심이 알리카푸 궁전이라는 이름으로 표현되었다.

6층으로 이루어져 있는 이 궁의 내부로 들어서면 계단이 있는데 계단을 올라가면서 계단을 장식한 타일의 아름다움도 느껴지지만 과거 이란인들의 모습도 상상을 할 수 있다. 특히 발코니에서 음악감상실로 향하는 통로와 계단에서 느낄 수 있다. 이 계단으로 추측할 수 있는 이란인은 키가 작지만 다리는

긴 다소 이상한 모습이다. 그 이유는 계단이 있는 통로의 높이
가 굉장히 낮은 반면 계단 하나하나의 높이는 높아서 올라가
기 힘이 들 정도이다. 다수 허무맹랑한 추측일지 모르지만 이
것저것 흥미로운 상상을 하며 발코니와 음악감상실로 올라 갈
수 있다. 이 계단을 지나 올라간 발코니는 이맘 광장의 아름다
움과 시내를 한눈에 볼 수 있는 최고의 전망을 제공한다. 이맘
모스크와 쉐이크 롯폴라 모스크의 틀어짐도 확인해 볼 수 있
다. 여기서 두 층 정도 더 올라가면 왕의 음악감상실이 있다.
이란의 전통악기를 문양으로 만든 천장은 음악을 풍성하게 감
상하실 수 있는 기능과 함께 아름다움을 선사하고 있다.
　　우연에 일치일까? 현재 알리카푸 궁전의 뒤쪽은 에스파한
의 예술대학이 있다.

여성스러운 아름다움 ‑ 쉐이크 롯폴라 모스크

　　이 모스크는 이란에 있는 모스크 중에 가장 특이한 모스크
중 하나이다. 여느 모스크처럼 사면이 돔이나 회랑 혹은 기도
방으로 둘러싸여 있지도 않다. 물론 당연히 있어야 할 미나렛
(Minaret)조차 볼 수 없는 독특한 모스크이다.
　　그러나 이 모스크의 용도와 역사를 안다면 이해를 할 수 있
다. 이 모스크는 압바스 왕 시절 왕의 여자들을 위해 만든 특
별 모스크로 다른 사람들은 입장과 이용이 불가능했다. 왕과
왕의 여자들만 기도를 드리는 곳으로 최대한 간소화하여 만들

쉐이크 롯폴라

었으며 안에는 기도할 수 있는 돔과 작은 신학교만 있을 뿐이다. 지금도 에스파한 사람들은 알리카푸에서 이곳을 지하로 연결한 통로가 있었으며 근처 하렘(왕의 여자들의 숙소)에서도 이곳으로 지하통로가 있어서 사람들의 시선을 의식하지 않고 손쉽게 이용할 수 있었다고 말하고 있다. 그러나 여전히 그 통로는 발견되지 않고 있다.

모스크의 이름인 '쉐이크 롯폴라'는 시아 이슬람을 신봉한 압바스 왕의 장인 이름으로 당대 가장 명망 있던 레바논 출신의 시아 성직자였다. 그는 압바스의 후원을 받으며 이란에서 활동했으며 이맘 모스크와 신학교의 책임자로 활동했다. 그는 사위인 압바스 왕을 도와 이란의 시아파가 정착되고 시아 이슬람 중심의 정책을 세우는데 결정적 역할을 했던 사람이다.

압바스 왕의 치세기인 1602년에 착공하여 1619년에 완공된 쉐이크 롯폴라 모스크는 웅장한 이맘 모스크(왕의 모스크, 블루 모스크)와 달리 섬세하고 여성스럽다. 입구부터 대표적인 사파비 왕조의 문양으로 만든 푸른색 타일들이 입장객을 맞이한

쉐이크 롯폴라의 내부 돔 문양

다. 입구를 지나 복도로 들어서면 환상적인 푸른색 타일과 은은한 조명으로 신비한 분위기를 자아낸다. 짧은 복도를 지나면 돔으로 덮여 있는 기도 장소가 나온다. 돔의 내부도 외부와 마찬가지로 크림색 타일과 푸른색 타일로 붙여져 있으며 외부에서 창을 통해 빛이 들어온다. 빛이 들어오는 각도에 따라 크림색과 푸른색 타일에 비치는 햇빛의 양이 달라진다. 크림색 타일에 햇빛이 많이 닿으면 노란색의 은은한 분위기가 되고 푸른색 타일에 많이 비치면 파란 활기찬 분위기로 반전된다. 이러한 변화는 장시간 이 좁은 공간에 사람들을 붙들어 놓는 마력으로 작용한다. 또한 쉐이크 롯폴라 모스크를 이란 사람들이 사랑하게 만들었다.

돔의 문양은 햇살이 사방으로 퍼져 나오는 모양이며 공작이 꼬리를 편 듯한 모습이기도 하다. 여성들을 위해서 만들었기 때문에 그에 맞게 내부의 장식과 문양을 섬세하게 만들었다. 외부의 비대칭과 다르게 돔 내부의 문양은 완벽한 대칭을 이루고 있어 돔 밑에서 돔 문양을 보는 이들을 아찔하게 만든다.

왕의 모스크 - 이맘 모스크

이맘 광장에 들어서서 가장 눈에 띄는 건물은 이맘 모스크이다. 화려한 푸른색 타일로 화장을 한 이맘 모스크는 여러 이름으로 불린다. 보이는 그대로 블루 모스크(Blue Mosque)라는 이름이 있으며 왕의 모스크(Royal Mosque)라는 이름도 가지고 있다. 왕의 모스크라는 이름은 왕이 후원을 하고 이용하여서 생긴 이름이 아니다. 거대한 크기와 화려함을 강조하는 표현이다.

앞에서 언급한 대로 이맘 광장의 밤은 낮보다 화려하고 아름답다. 이맘 광장의 대표적 건물인 이맘 모스크도 밤에 더 화려하다. 밝은 조명을 받은 다양한 색깔의 타일이 더욱 신비로운 모습을 만들어 낸다.

이 모스크는 쉐이크 롯폴라 모스크와 마찬가지로 알리 아크바르 에스파하니(Ali Akbar Esfahani)가 설계하고 만들었다. 압바스 왕의 절대적 지지를 받으며 쉐이크 롯폴라 모스크가 한창 공사 중이던 1611년 착공하여 압바스 왕의 마지막 치세기인 1629년에 완공되었다. 이맘 모스크도 끼블라를 지키기 위해 쉐이크 롯폴라의 같은 각도로 틀어졌지만 들어오는 사람들은 전혀 인식하지 못한다.

이란에서 가장 아름다운 모스크로 칭송받는 이맘 모스크는 입구의 화려함과 42미터에 달하는 미나렛이 그 웅장함을 더해 준다. 그 입구로 들어가면 모든 것이 푸른색 타일로 도배된 블루 모스크의 위용을 확인할 수 있다. 거대한 모스크의

이맘 광장과 이맘 모스크

마당을 가로지르면 큰 미나렛과 돔으로 덮인 기도처로 들어
갈 수 있다.

이곳에서 왜 이맘 모스크가 이란에서 가장 아름답고 큰 모
스크라고 하는지 느낄 수 있다. 거대한 돔과 사방을 둘러싼 푸
른빛의 타일들, 단순한 공간을 화려하게 만드는 타일의 무늬
들 분명 최고의 모스크임이 틀림없다.

이곳에는 미흐랍(Mihrab, 메카 방향을 향해 기도하는 특별한 장소)
과 그 옆에 14계단으로 되어 있는 민바르(Minbar, 성직자가 올라가
서 설교를 하는 설교단)가 있다. 14계단은 시아 이슬람의 14명의
성인을 상징한다. 12명의 이맘(알리로부터 시작되어 12대까지 어이
지는 그의 후계 혈통)과 무함마드(Muhammad) 그리고 그의 딸이자
1대 이맘 알리의 부인인 파테메(Fatemeh)를 포함하여 14명이다.
시아 이슬람에서 민바르는 계단 수는 성인을 의미한다. 자메
모스크(Jame Mosque)의 올제이투(Oljeitu) 미흐랍 옆에 있는 5계단

의 민바르는 무함마드와 파테메 그리고 제1대~제3대 이맘까지 5명을 상징하고 7개 계단짜리 민바르는 제1대~제5대 이맘과 무함마드, 파테메를 뜻한다.

이 외에도 이 돔에는 특별함이 숨겨져 있다. 돔 정중앙에는 일반 바닥의 돌과는 다른 짙은 회색의 돌이 하나 있다. 이곳에서 서서 설교나 기도를 하면 돔 전체에 7번의 메아리가 울린다. 이 모스크를 방문하는 사람들은 누구나 다 신기하게 이 메아리를 체험해 본다. 음향 시스템이 없던 당시 건축적으로 이 문제를 해결하려고 했던 것 같다. 가끔 이곳에서 무슬림이 서서 쿠란을 읊기도 한다.

건물의 양쪽 날개 쪽은 지금은 사용되지 않지만 시아 이슬람의 신학교 용도로 만들어졌다.

시와 자연의 어우러짐

이란 사람을 이야기 할 때 시를 빼놓고는 이야기 할 수 없다. 이란어를 듣고 있노라면 시를 읊는 것과 같은 말 속의 운율을 느낄 수 있다. 또한 대화중에도 시를 즐겨 인용하고 단어와 표현 속에도 시적인 것이 많이 있다. 이슬람의 주요 시인들도 페르시아 출신의 사람들이다. 이란의 대표적인 시인으로는 하페즈(Hafez)와 사디(Sadi)가 있다. 이 외에도 『샤나메(Shahname, 왕의 서)』를 쓴 페르도우시(Ferdousi)가 있다.

이란인들은 시를 한두 편은 모두가 외우고 있으며 특히 쉬라즈(Shiraz)에 위치한 하페즈와 사디의 무덤은 늘 관광객으로 북적이는 대표적 관광지가 되었을 정도이다.

시와 자연의 어우러짐 – 체헬쏘툰 궁전

이름의 뜻을 안다면 더 아름다운 체헬쏘툰(Chehel Sotun). 40개의 기둥이라는 뜻을 가진 체헬쏘툰은 실제 가서 보면 20개의 기둥밖에 볼 수 없다. '왜 20개의 기둥밖에 없는 이 궁전을 체헬쏘툰이라 했을까?'라는 의문이 생기지만 이 의문은 궁전 입구에서 5,000리얄(한국 돈 500원 정도)을 내고 안으로 들어서면 단번에 풀리게 된다. 궁전 앞에 있는 거대한 연못, 이 아름다운 페르시아 전통 정원의 연못 속에 비치는 기둥이 정확히 20개. 그래서 기둥이 도합 40개이다. 시를 사랑하고 정원을 사랑하는 이란 사람들다운 발상이다.

체헬쏘툰은 이맘 광장의 알리카푸 궁전 쪽 문으로 나오면 길 건너 위치하고 있다. 알리카푸 궁전과 함께 왕들이 기거하던 궁전임을 위치상으로 알 수 있다. 체헬쏘툰 궁 주변은 왕의 정원답게 아름답게 꾸며져 있다. 물론 건축 초기에 만들어진 정원보다 많이 축소되었지만 여전히 넓은 지역을 푸른 나무들이 차지하고 있다. 특히 가을 풍경과 불을 켜 놓은 여름 야경은 '이만한 운치를 이란에서 구경할 수 있을까?'라는 생각이 들 정도로 아름답다.

연못 주위에도 그렇고 궁 안에도 작은 못의 사각형 모서리를 떠받들고 있는 사자상이 인상적이다. 이 사자상은 세계를 호령하던 아케메니드 페르시아 시대 이후 왕실의 힘을 상징하는 동물이 되었다. 이란의 페르시아 제국을 상징할 때 어디든

빠지지 않는 조각상이 바로 이 사자상이다.

연못을 지나 궁으로 들어서면 사방이 벽화로 둘러싸인 내부를 볼 수 있다. 사파비 시대의 전쟁과 왕실의 풍경을 확인할 수 있다. 당시 유럽과 많은 교류가 있었음을 유럽 의복을 입은 사람들을 통해 알 수 있다. 네덜란드에서 온 사신으로 왕실 행사에 참석했던 모습이다.

이 궁은 이맘 광장과 마찬가지로 압바스 1세 때 처음 만들어지기 시작하여 약 50년이 지난 압바스 2세의 통치 시기인 1647년 완성이 되었다. 그러나 불에 전소되었다가 다시 지어지는 아픔을 겪기도 하였다. 이런 아픔 속에서도 내부의 화려한 색감과 벽화는 여전히 생동감을 잃지 않고 있다. 아름다운 정원과 넓은 테라스는 외국 사신들이 오면 환영 행사를 하기에 안성맞춤이다.

궁의 내부는 1978년 박물관으로 새롭게 단장하여 개장하였다. 이 박물관에는 많은 문서와 도자기, 의복, 예술품들이 전시되어 있다. 그러나 그중에 가장 가치 있고 귀중히 여기는 물품들은 체헬쏘툰 왕궁 문 위에 놓아두었던 10세기에 쓰인 쿠란이다. 이슬람 전통에서 여행을 할 때 행운을 비는 의미로 쿠란의 밑을 지나가는 풍습이 있는데 왕궁 문 위에 두어서 이곳에서 나가는 누구든지 행운을 기원하는 의미로 사용했다. 이 외에도 4대 정통 칼리프이자 시아파의 1대 이맘인 알리와 기독교인이 맺은 협정서의 복사본, 사파비의 시조 이스마일 왕의 할아버지인 사피 옷 딘(Safi od-Din)의 무덤에서 가져온 문과

체헬쏘툰

체헬쏘툰 내부의 그림

당시 수피 성직자로 쓰던 모자, 그리고 카자르조의 위대한 정치가인 아미르 카비르(Amir Kabir)가 지니고 있던 사슴 가죽에 도금을 한 부적 등이 있다.

더 깊숙한 곳의 작은 방 내부로 다시 한 번 들어가면 사파비 왕조 이후의 에스파한 도시의 변화상을 그림과 사진으로 잘 전시해 놓아 에스파한의 변천사를 눈으로 확인하는 또 다른 재미를 느낄 수 있다.

늘 사람으로 북적이는 체헬쏘툰에서 외국인을 처음 본 듯한 이란 사람들을 헤치고 나와 화장실을 찾아 궁의 왼편으로 가다가 만날 수 있는 것이 이란 전통 찻집이다. 외국 관광객들은 이곳을 잘 찾지 못해 외국인들은 많이 볼 수 없지만 이란 전통차와 물담배를 즐기는 이란 젊은이들을 많이 만날 수 있다. 내부의 인테리어는 이란 전통 양식을 따르고 있지만 젊은 남녀의 활기찬 모습은 젊은이들이 모이는 한국의 여느 찻집의 풍경과 크게 다르지 않다.

세계 최초의 가로수 길 - 차하르바그

　에스파한의 중심을 가로지르며 에스파한 사람들에게 쇼핑과 휴식을 제공하는 길이 바로 차하르바그(Chahar Bagh) 길이다. 지금은 예전과 같은 아름다움을 뽐내지 못하지만 여전히 에스파한 사람들의 사랑을 받고 휴식을 취하며 산책을 할 수 있는 길이 바로 이곳이다. 현재도 차도 중간에 사람이 다니는 길과 벤치가 있고 그 길을 따라 나무와 각종 풀과 꽃들이 심어져 있다. 산책을 하며 벤치에 앉아 휴식을 취하기도 하는 길이다. 또 중심가답게 양 옆으로는 각종 상점들이 줄지어 있어 쇼핑하기에도 가장 적합한 길이 차하르바그 거리이다.

　차하르바그 거리는 세계 최초의 가로수 길이다. 사파비 왕조가 수도 이전을 위해 심혈을 기울여 만든 곳이 바로 이곳이다. 차하르바그는 이란어로 4개의 정원이라는 의미이다. 이 길은 천도를 결심하고 만들기 시작하여 수도를 이전한 1598년에 완공되었다. 현재 이 길은 에스파한 시 남쪽 끝에 위치한 쏘페(Soffeh) 산 밑에서부터 씨오세 다리를 지나 쇼하다(Shohada) 로터리까지 이어진다.

　처음 이 길이 만들어졌을 때에는 길 양옆에 가로수에 과실나무들이 즐비했으며 적당한 높이의 정원수들이 보기 좋게 다듬어져 있어서 멋을 더했다. 먹음직스러운 과실나무와 아름다운 정원수들이 있는 거리의 중앙에는 시내가 흘렀으며 시내 옆으로는 각종 꽃들이 피어 있었다. 철마다 떨어진 꽃잎들이 시내를 타고 흘러서 각종 꽃향기가 길거리에 진동했다. 당시 유럽의 지저분한 거리와 사뭇 대조되는 풍경이었다. 이 시내 양옆으로는 행인들을 위한 도보 길과 말과 마차가 다니는 길이 있었다. 당시 이곳을 오는 모든 관광객들이 아름답고 향기 나는 차하르바그 길에 마음을 빼앗겼다.

매주 수요일은 특별히 여성들을 위한 날이었다. 남성들은 이 길을 다닐 수가 없었다. 주변 모든 상점들의 직원도 여성으로만 구성되었으며 여성들만 자유롭게 거닐고 쇼핑할 수 있는 자유가 있었다. 지금의 이란보다도 훨씬 자유로운 시절이었다.

그러나 카자르 왕조가 들어서면서 이 길에 있던 대부분의 나무들을 잘라서 팔았으며 지금과 같은 모습으로 변화되었다. 카자르 왕조는 역사적으로 이란의 많은 영토를 러시아와 영국에게 빼앗겼다. 영토를 빼앗긴 것은 약소국으로 외세에 의해 어쩔 수 없다고 치더라도 차하르바그 같은 자신들의 자랑스러운 아름다운 유산을 경제적 이유로 스스로 없애버린 것은 참으로 안타까운 일이다.

천국의 낙원 – 하쉬트 베헤쉬트

에스파한 시내 중심지인 이맘 광장과 차하르바그 거리 사이에는 두 개의 큰 궁이 존재한다. 그 하나가 체헬쏘툰 궁이고 다른 하나는 하쉬트 베헤쉬트(Hasht Behesht) 궁이다.

하쉬트 베헤쉬트 궁은 현재 차하르바그 길과 붙어 있는 샤

히드 라자이(Shahid Rajai) 공원의 중앙에 위치해 있다. 예전에는 바게 볼볼(Bagh-e Bolbol)이라고 불렸던 공원이다. 볼볼(Bolbol)은 이란어로 나이팅게일 새를 말한다. 이 공원은 시내 정중앙에 위치해 있어 많은 차량으로 매연에 시달리는 사람들에게 신선한 산소와 휴식을 제공한다.

이란은 가족 중심의 문화를 가지고 있다. 그러나 안타깝게도 특별한 놀이 문화나 휴식과 재미를 위한 공간이 발달하지는 못했다. 대부분의 가족들은 저녁이 되면 음식을 싸가지고 나와서 공원에 앉아서 가족끼리 식사를 하는데, 이것이 이들이 즐기는 가장 큰 즐거움이다. 특별한 음식을 가져와서 피크닉을 즐기는 것이 아니라 집에서 평소에 먹던 음식과 가재도구 등을 가지고 나와서 밥을 해 먹는다. 이러한 풍경을 이란의 공원에서는 흔히 볼 수 있다. 즉, 공원은 이란인의 삶에서 빼놓을 수 없는 중요한 삶의 터전이다. 이 공원도 이러한 기능을 충실히 수행하고 있다.

공원의 정중앙에는 1669년에 사파비 왕조의 솔레이만(Soleyman) 왕에 의해 만들어진 하쉬트 베헤쉬트 궁이 있다. 하쉬트 베헤쉬트는 이란어로 8개의 천국, 낙원이라는 뜻이다.

이 이름을 둘러싸고 여러 이야기가 전해져 내려온다. 이슬람교 경전인 쿠란에는 천국이 7개의 층層으로 되어 있다. 헤쉬테 베헤쉬트란 이 궁전도 천국의 7개의 낙원에 포함될 정도로 아름답다는 의미를 내포한 시적인 표현이다.

또 다른 이야기는 원래 이름이 '헤쉬테 베헤쉬트(Hesht-e

압바스 호텔의 내부 정원

Behesht)'로 '천국의 방'이라는 의미로 궁의 절묘하고 조화로운 아름다움을 나타내는 이름이었다고 한다. 실제 이름 그대로 헤쉬테 베헤쉬트 궁은 금으로 입힌 무늬와 디자인 등이 궁의 아름다움을 더욱 빛낸다. 이름의 뜻이 무엇이든 간에 궁의 아름다움을 고스란히 드러낸다.

17세기 위대한 프랑스 여행가였던 샤르뎅(Chardin)은 에스파한에서 가장 아름다운 궁으로 하쉬트 베헤쉬트를 언급하고 있다. 또한 이곳은 당시 왕들이 연회와 유희를 즐겼던 곳으로 초기 건축할 당시 이용 목적을 위해 더욱 외적인 아름다움에 치중했던 건물이다.

건물 자체는 카자르(Qazar) 시대의 위대한 재상 아미르카비르(Amir Kabir)가 죽음을 맞이했던 카산(Kashan)에 있는 핀가든(Fin-Garden)과 별반 차이가 없다. 특이한 점은 2층으로 올라가면 알리카푸 궁전의 음악감상실과 같은 모양의 무늬들이 많이 있다. 이곳에서도 음악이 연주되었음을 알 수 있다.

이곳에서 남쪽으로 맞닿아 있는 것이 바자레 호나르(Bazaar-e Honar)라고 불리는 시장과 사파비 시대에 시아 신학의 중심지였던 차하르바그 마드레세이다.

또한 그 옆에 사파비 시대의 마지막 왕이었던 술탄 후세인(Sultan Husein)이 어머니의 부탁을 받고 만든 카라반사라이(실크로드를 오갔던 상인들이 묵던 숙소)가 있다. 지금은 압바스 호텔이라는 이름으로 에스파한에서 가장 고급스러운 호텔이 되었다. 세워진 지 300년 가까이 되는 호텔로 현대식 서비스와 과거의 분위기가 적절하게 조화된 이란 최고의 호텔 중 하나이다. 이 호텔을 더 특별하게 만든 것은 내부의 정원이다. 페르시아 정원을 가장 잘 꾸며 놓은 정원은 한가운데에 분수대가 위치하고 그 분수대를 중심으로 장방형이 정확하게 4등분 되는 기하학적으로도 완벽한 모습이다. 이맘 광장의 형태와 흡사하지만 아기자기하게 더 잘 꾸며 놓았다. 페르시아의 유명한 카펫 박물관과 코란 박물관이 있어서 걸어서 페르시아의 자연과 전통을 만끽할 수 있는 더없이 좋은 곳이다.

에스파한의 생명줄, 자얀데 강

　에스파한에 도착하면 처음으로 느끼는 것은 '푸름'이다. 여름이면 무더운 날씨의 이란, 그 한복판에 위치하고 있는 에스파한. 이곳에 가기 위해 사막을 가로질러 도달하면 더 강렬하게 느껴지는 것이 바로 이 '푸름'이다. 잘 가꾸어진 공원과 푸르른 수목들이 단번에 시원함을 전해 준다.

　건조하고 풀 한 포기 볼 수 없는 사막 기후에서 이 푸름을 가능하게 해 준 것이 바로 자얀데(Zayandeh) 강이다. 페르시아어로 '자얀데루드'라고 불리는 이 강은 저이단(생명을 주다)이라는 동사에서 온 자얀데(생명을 주는)라는 형용사와 강을 뜻하는 루드가 합성된 말이다. 즉, '생명을 주는 강'이라는 의미이다. 이름처럼 충실하게 에스파한에 생명력을 공급하고 있다. 비가 잘 오지 않는 에스파한에 생명의 젖줄과도 같다.

자얀데 강은 이란을 남북으로 가로지르는 자그로스 산맥에서 시작되어 10미터에서 800미터의 다양한 폭을 가지고 에스파한 도道를 굽이굽이 돌아 모든 농지와 과수원을 적시고 총 430킬로미터, 직선거리로는 360킬로미터를 흘러가는 거대한 강이다. 이렇게 먼 거리를 건조기후인 에스파한에서 마르지 않고 흘러갈 수 있는 이유는 에스파한 땅의 특성에 있다. 에스파한 땅은 견고하여 물을 많이 흡수하지 않기 때문에 쉽게 물이 마르지 않는다. 이로 인해 긴 거리를 흐르며 이 땅에 생명을 제공하고 있다.

이 강은 오랜 역사를 흐르면서 다양한 이름으로도 불렸다. 잔닥 루드(거대한 강), 자린 루드(황금 강), 젠데 루드(생명의 강)로 불리다가 지금은 자얀데 루드(생명을 주는 강)로 불리고 있다.

옛날부터 치수에 능했던 페르시아인들은 자얀데 강을 효과적으로 이용하여 에스파한을 푸르게 만들었다. 사산조 페르시아의 시조인 아르다쉬르 바바칸(Ardashir Babakan) 때부터 자얀데 강을 이용하여 관개수로와 댐을 만들었다. 아직도 남아 있는 흔적이 에스파한에서 가장 오래된 다리인 샤흐레스탄 다리이다.

이 아름다운 강을 더욱 아름답게 하는 것은 자얀데 강과 함께 하고 있는 아름다운 다리들과 그와 함께 한 공원들 때문이다. 에스파한 시내에만 자얀데 강을 가로지를 수 있는 다리가 11개가 있고 그 사이에 한강시민공원보다 더 아름답고 푸른

공원들이 펼쳐져 있다. 이란의 다른 지역에서는 보기 힘든 강변과 공원들이다.

이 푸른 공원은 테마(Theme)가 있다.

테니스장, 양궁장, 축구장, 인라인스케이트장 등이 함께 하고 있는 체육공원부터 시작해서 아이들의 교통 교육을 위한 교육 공원, 자전거를 마음껏 탈수 있는 자전거 전용 공원, 도서관이 있는 쉼과 학문이 어우러진 공원, 영화 박물관과 이란어 서체 박물관이 있는 박물관 공원, 강변과 연결된 섬으로 아이들에게 각종 재미와 체험을 선사하는 놀이 섬, 아름다운 꽃으로 단장된 꽃 공원 그리고 각종 새들이 모여 있는 새 공원 등 다양한 테마를 가지고 사람들을 맞이한다.

저녁만 되면 특별히 여가 생활을 할 만한 것이 없는 이란 사람들은 가족들과 함께 공원으로 향한다. 강변의 공원들은 오랫동안 에스파한 사람들에게 안식과 기쁨을 제공해 왔다. 외국에서 온 관광객들에게도 무덥고 건조한 이란에서 오아시스 같은 휴식을 안겨준다.

역사가 느껴지는 샤흐레스탄 다리

에스파한의 11개의 다리 중 가장 역사가 오래된 다리는 동쪽 끝자락에 있는 샤흐레스턴 다리(이란어로 '폴레 샤흐레스턴')이다. 페르시아어로 폴은 다리란 뜻이다. 이 다리는 사산조 페르시아 시대인 4세기에 기초를 쌓아 사용하던 것을 12세기에 부예조와 셀죽조 때에 그 기초 위에 아치를 새롭게 놓아 지금과 같은 형태가 되었다. 인근에 댐의 건설로 인해 수몰될 위기에 처했다가 가까스로 살아난 역사를 느낄 수 있는 다리이다.

특이한 점은 남북을 가로지는 다리 중에 북쪽 지역에만 정자와 같은 건물이 놓여 있다. 이 건축물과 관련된 문헌에 따르면 나중에 설명할 카주 다리의 발코니와 같은 공간처럼 왕이 그곳에서 이곳의 풍경을 감상하면서 휴식을 취하던 곳이라고도 하고 카라반(Caravan)과 같은 대상인들이 지나갈 때 통행세를 받던 공간이라고도 한다.

그러나 건축학적으로 가장 설득력 있는 이유는 강의 북쪽과 남쪽의 수심의 차이로 방수량이 차이가 남에 따라 그것을 건축적으로 조절하여 건축물의 중력적 하중을 조절하기 위해 만들었다는 것이다.

에스파한의 명물, 씨오세 다리

에스파한에서 아무래도 외국인들에게 가장 잘 알려진 다리는 씨오세폴(33개의 다리라는 뜻)이다. 에스파한을 가로지르는 오래되고 아름다운 차하르바그 거리를 이어주는 다리로 에스파한의 가장 중심가에 위치해 있다.

언제나 사람들로 북적거리고 관광지답게 사진을 찍어주는 사진사들과 유원지의 오리배, 전국 각지에서 온 이란인들과 세계 곳곳에서 온 외국인들로 가득하다. 이 다리는 에스파한

씨오세 다리의 야경

의 각종 유명 건축물을 지은 압바스 1세의 명령으로 지은 다리로 그루지아 출신의 기독교인인 알라흐베르디 칸(Allahverdi Khan)의 감독 아래 1602년에 완공했다. 그의 이름을 따서 이 다리를 알라흐베르디 칸 다리라고도 부른다.

이 다리를 만든 알라흐베르디 칸(Allahverdi Khan)은 드라마틱한 삶을 살았다. 그루지아(Georgia)의 기독교 가정에서 태어나 사파비 왕조의 타흐마습(Tahmasb) 왕 때 노예로 이란에 팔려 왔다. 그러나 그는 뛰어난 재능과 열정을 가지고 군인으로 승승장구하며 파르스 지역의 지방사령관 자리까지 올랐다. 체헬쏘툰에 있는 압바스 왕 그림에도 왼편에 위치하고 있을 정도로 왕의 신임을 받았다. 전해지는 이야기로는 압바스 왕이 그의 청이면 무엇이든 들어주었고 이 다리도 그의 요청으로 만들어졌다고 한다.

이 아름다운 다리를 감상하는 가장 좋은 방법은 해가 질 무렵 씨오세 다리의 북서쪽 강변에서 바라보는 것이다. 황금빛으로 물든 다리, 옅은 푸른색의 강빛, 멀리 보이는 웅장한 쏘

페(Soffeh) 산 그리고 짙은 푸른색의 하늘빛이 한데 어우러져 그 아름다움이 혼을 빼놓는다. 야경도 물론 일품이지만 해질녘이 씨오세 다리의 아름다움을 가장 빛내 준다. 이 아름다운 다리를 디자인한 사람은 이맘 광장의 쉐이크 롯폴라 모스크를 디자인한 모함마드 레자 에스파하니(Mohammad Reza Esfahani: 알리 아크바르 에스파하니라고도 불림)의 아버지 오스타드 후세인에 반나 에스파하니(Ostad Hussein-e-Banna Esfahani)이다. 쉐이크 롯폴라 모스크도 태양빛이 모스크 내부로 입사되는 각도에 따라 모스크의 색깔과 분위기가 달라지는 효과가 나는 것이 아버지의 영향을 받은 듯하다. 역시 그 아버지에 그 아들이다.

초기에는 남부의 졸파 지역(아르메니안 자치구)과 북부의 무슬림 지역을 잇는다는 의미로 졸파 다리로도 불리기도 했다.

에스파한의 다리 중 가장 강폭이 넓은 쪽에 만들어져 총 길이 360미터로 다리의 길이 또한 가장 길고 폭이 14미터로 많은 사람이 오갈 수 있는 넓이다. 세간에는 처음 지었을 때 아치가 40개였으나 점차 33개로 줄어들어서 지금 현재 씨오세 다리라고 불린다고 이야기하는 자도 있지만 확인할 수 없는 이야기다.

씨오세 다리의 북쪽 편 다리 밑에는 전통 찻집이 있어서 이곳에서 이란식 전통차(홍차)를 간드(조각 설탕)와 플라키라고 불리는 설탕을 녹여 만든 설탕 과자와 함께 즐길 수 있다. 또한 각종 과일 향을 느낄 수 있는 이란식 물담배를 즐길 수도 있다.

에스파한 사람들이 사랑하는 다리, 카주

외국인 관광객들이 씨오세 다리에 열광하는 반면 이란 사람들이 정작 제일 아름답다고 칭송하고 좋아하는 다리는 폴레 카주(카주 다리)이다. 길이 132미터에 폭 12미터의 카주(Khaju) 다리는, 1층은 수량 조절의 기능을 가지는 댐의 역할을 하고 있으며, 계단도 있어서 에스파한 사람들의 휴식처로 중요한 역할을 하고 있다. 실제 초기 설계 때부터 휴식의 공간으로 만들어진 곳이다. 1층은 이어지는 아치와 그늘로 연인들이 사진 찍기에 안성맞춤이며 한여름 더위를 피해 수많은 사람들이 몰려들어 식사를 하고 노래를 부르며 쉰다. 2층의 통로는 과거 왕이 잔치를 베풀고 유흥을 즐겼던 발코니를 중심으로 강을 건널 수 있는 다리의 역할을 하는 공간이다. 왕이 앉아서 휴식을 취하던 공간인 카주 다리의 발코니는 양쪽으로 같은 모양으로 만들어져 있으며 왕의 휴식 기능 외에도 건축적 기능을 가지고 있어서, 수력하중을 가장 많이 받는 곳에서 하중을 지지해 주는 역할을 한다. 페르시아 건축가들의 미학과 기능을 살리는 건축술을 다리에서 쉽게 볼 수 있다.

이 카주 다리에는 여러 비밀이 숨어 있다. 강 양쪽 편으로 두 개의 사자상이 세워져 있다. 사자상은 체헬쏘툰에서도 설명했지만 전통적으로 페르시아 왕실을 상징하는 동물로 왕궁이나 주요 지역에는 어김없이 존재한다. 이곳의 사자상에는 여러 이야기가 전해 온다. 올라타면 곧 결혼한다고 하기도 하

카주 다리

고 아들을 낳을 수 있다고도 한다. 결혼과 아이 특히 남자 아이를 원하는 시대의 흐름을 보며 세계 어디를 가도 살아가는 삶이 비슷하다는 사실을 새삼 깨닫는다. 아무튼 여러 이유로 인해 언제나 사자상에는 늘 누군가 올라타 있다. 사자상의 등은 이미 윤이 날 정도로 반질반질해졌다. 지금도 누군가는 올라앉아서 사자를 만지고 있을 것이다.

또 다른 비밀은 강 남쪽 편에서 밤에 강 북쪽 편의 사자상을 바라보면 고양이 눈이 발광하는 것과 같은 빛이 사자의 눈에서 나온다는 것이다. 단순히 주변의 빛을 반사하는 모양이 아니라 스스로 발광하는 모양이다. 주변에 반사할 만한 불빛도 없으며 반사하는 빛의 형태도 아니다. 물론 스스로 발광하는 것도 아니다. 여러 가지로 추측하여 말하지만 무엇이 진실인지는 알 수 없다.

카주 다리에서는 또 다른 페르시아인의 건축적 지혜를 볼 수 있다. 댐의 역할을 하는 카주는 수량과 수압 조절을 위해서

홀수로 수문을 만들었다. 수문이 총 21개이고 각각의 수문의 크기가 다 다르다. 그러나 불규칙하게 다른 것이 아니고 일정한 비율과 규칙이 있다. 중간 3개의 수문이 3.3미터로 일치하고 그 다음 양쪽으로 5개씩 총 10개가 3.9미터로 같다. 그 다음 양쪽으로 2개씩 총 4개가 2.6미터이고 마지막 양쪽 2개씩 총 4개가 3.9미터이다. 치수에 능했던 페르시아인들의 지혜를 엿볼 수 있다.

마르난 다리

사파비 시대에 만들어진 에스파한의 중심 거리인 차하르바그 거리. 당시 거리의 모든 길에 대리석을 깔았다는 이야기가 전해지는 에스파한의 상징 거리인 차하르바그에서 유일하게 서쪽 편에 있던 다리가 바로 마르난(Marnan) 다리이다. 길이 175미터에 폭이 4.7미터로 카주 다리와 씨오세 다리와는 다르게 폭이 굉장히 좁다. 이곳은 마차보다는 주로 걸어 다니는 사람들이 다녔을 것으로 추정된다. 교각의 형태와 만든 방법 등이 샤흐레스탄의 그것과 일치한다. 같은 시기인 사산조 페르시아 시대에 만들어진 것으로 추측된다.

마르난은 메흐르빈(Mehr-Bin)에서 온 단어로 '태양의 시각'이라는 의미로 조로아스터교를 믿던 당시의 사상과 지명이 반영된 이름이다.

추비 다리

에스파한의 많은 아름다운 다리 중에 개인적으로 가장 좋아하는 다리는 추비 다리(쥬이 다리)이다. 다리의 이름인 추비는 나무, 목재 등의 의미를 가지고 있다. 직역하면 나무다리이다. 그러나 나무로 만들어지지는 않았다. 다른 여느 다리처럼 돌로 만들어진 다리임에도 추비라는 이름이 붙어 있다. 쥬이(Juie) 다리보다 발음이 비슷하고 편하다는 단순한 이유로 추비 다리라고 부른다. 페르시아어의 특징을 이 단어에서 볼 수 있다. 발음하기 쉬운 대로 변형시켜서 발음하는 것이 이란어의 큰 특징 중에 하나이다.

이 다리는 특별한 아름다움을 위해 멋을 부리지 않았다. 단순한 모양의 아치 위에 다리를 만들었다. 에스파한의 다리 중에 가장 단순한 다리이다. 이란 같지 않게 화려함과 멋이 없는 너무나 단순하고 순수함이 드러나는 다리이다. 이란 사람들의 멋부림과 겉치레만 보다가 단순함을 보는 것이 신선함으로 다가오는 다리이다.

이처럼 많은 의미 깊은 다리가 있고 휴식과 생명을 주는 자얀데 강은 에스파한의 아픈 역사를 그대로 가슴에 지니고 흐르고 있다. 자얀데 강은 에스파한의 역사에서 소개했듯이 13세기 몽골의 침입으로 도시 전체가 초토화되고 사람과 육축을 가릴 것 없이 자행되는 살육의 현장을 지켜보았으며, 그 이후 14세기에 티무르의 침입으로 인해 7만 명 이상의 사람들의 목이 잘려 산을 이루는 모습을 보고 그 피와 영혼을 그대로 자신이 받아들였다. 역사가들은 이 사건 때 자얀데 강이 핏빛으로 물들었다고 상세히 묘사하기도 했다. 또한 16~17세기 사파비 왕조의 수도가 에스파한으로 옮겨지면서 지금처럼 아름다운 건축물들을 짓기 위해 수많은 소수민족들의 희생을 지켜봤다. 그 후 수도의 역할로 마지막 종지부를 찍은 아프간 침입으로 인한 사파비 왕조의 몰락과 귀족들의 참수를 묵묵히 바라보았다.

가끔 자얀데 강변을 거닐면서 아름다운 공원과 다리들을 보고 있으면 그 아름다움에 소름이 돋기도 하고 오싹한 기분이 들기도 한다. 이 기분은 아름다운 강과 풍경에서만 오는 것이 아니라 오랫동안 에스파한의 죽음의 역사를 지켜보았던 강이 주는 아픔이 아닐까 생각해 본다.

에스파한 속 기독교

졸파 지구

어슴푸레 어두움이 깔리면 젊은이들이 삼삼오오 모여들고 상점들은 한낮의 더위를 피했다가 다시금 속속 개점을 한다. 이곳이 바로 에스파한 젊은이들의 중심가이자 상업중심지인 졸파이다.

졸파는 원래 이란 북서쪽 아제르바이잔의 낙치반 인근의 도시이다. 과거 아르메니아 영토였던 땅이다. 그러나 여기서 이야기하고 있는 졸파, 정확하게 신新졸파는 사파비 왕조의 압바스 왕이 아르메니아인들을 이주시키면서 만든 상업 지구이다. 지금의 자유무역지대와 같다고나 할까……

압바스 왕에 대한 업적과 당시 일어났던 여러 사건들을 연구하면서 개인적으로 조선시대 영조와 비슷한 느낌을 받는다. 어렵게 왕위에 오르면서 자신의 정적이 될 만한 사람들을 제거했으며 국민들의 사랑을 한 몸에 받았던 자신의 아들까지 죽이는 비정함을 보인다. 그러나 정치·경제·사회·문화적으로 다시금 이란의 부흥을 이끌었다.

압바스 왕이 수도를 에스파한으로 옮기면서 가장 주안점을 둔 것 중에 하나가 바로 경제 부흥이다. 이 경제발전 정책의 중심에 있던 사람들이 바로 아르메니아인들이다. 이들에게 자얀데루 남쪽의 신도시를 지어 신졸파라고 이름을 지었다.

압바스 왕은 아르메니아인들을 이주시키면서 이로 인해 파생될 몇 가지 이득을 기대하고 있었다. 첫째가 재리와 상업에 밝은 아르메니아인들이 에스파한의 경제를 발전시킬 것에 대한 기대였다. 둘째는 에스파한을 국제적인 도시로 만들기 위해서 기독교인인 아르메니아인들의 협조가 필요했다. 이들이 서구 기독교 국가들과 교량 역할을 감당할 것이라고 예상했고 그것은 후에 그대로 적중했다. 셋째는 아르메니아인들의 이주가 압바스 왕의 가장 큰 정적들인 투르크계 귀족들의 상권을 위협하고 감소시킬 것으로 기대했다. 마지막으로 이들이 새로운 수도를 건설하면서 다양한 배경에서 온 많은 소수민족들에게 인내하고 서로를 이해시키는 역할을 감당할 것도 기대했다.

압바스 왕은 이런 여러 가능성들을 기대하며 아르메니아인들을 이주시켰다. 그러나 아르메니아인들은 새로운 졸파로의 이주 과정에서 많은 고통을 받았으며 많은 사람들이 죽기도 하였다. 이런 어려움을 압바스 왕이 알고 이들에게는 여러 특권을 부여했다.

아르메니아인들을 위해 새로운 터전인 졸파를 적극적으로 지원해 주었다. 농업과 상업을 위한 기반을 마련해 주었으며 아르메니안 공동체의 리더를 뽑을 권리도 주었다. 땅도 사고 팔수 있는 권리까지 얻었다. 또한 이들의 종교 활동을 배려하는 차원에서 압바스 왕이 자신의 사재를 들여 졸파 지역에 교회도 세워 주었다. 사파비 왕조의 치세 기간 동안 졸파 지역에 13개의 교회가 세워졌다.

압바스 왕의 기대대로 아르메니아인들이 에스파한의 졸파 지구에 이주를 오면서 에스파한의 경제가 발전하기 시작하였다. 아르메니아인들을 통해서 서구 국가와의 관계도 개선되었고 중계무역이 활성화되었다. 유럽뿐만 아니라 인도와의 무역도 활발해져서 유럽과 아시아를 잇는 중계 무역의 거점 도시로 발전하기 시작하였다.

특히 아르메니아인들은 비단과 카펫 그리고 직물류의 중계무역으로 부를 창출하기 시작하였다. 여기에 농업과 알코올 제조로 거부가 되는 사람들이 많아졌다.

에스파한이 경제 활성화를 통해 국제 무역 도시로 커가면서 유럽인들과 기독교 선교사 그리고 수많은 무역인들이 쏟아져 들어오면서 압바스 왕의 의도는 맞아 들어가는 듯했다. 그러나 압바스 왕의 사후 이 지역에 대한 특혜가 줄어들고 기독교인들에 대한 박해가 심해지면서 이곳의 경제적 중요성은 점차 쇠퇴하였다.

그러나 지금도 졸파 지역은 에스파한의 쇼핑 거리로 매일 저녁 많은 사람들이 북적이고 있다. 이곳에서는 갖가지 외국의 상품들을 한국에 비해서 저렴한 가격에 살 수 있다. 또한 반크 교회 인근 지역에 많은 커피숍이 자리하고 있어 마땅한 놀이 문화가 없는 이란 젊은이들의 중심지가 되었다.

반크 교회

에스파한에서 가장 입장료가 비싼 곳이 바로 반크 교회(Vank Church)다. 에스파한의 다른 관광 지역들은 유네스코의 지원으로 입장료 가격이 한국 돈으로 500원대로 저렴한 편이다. 반면 유럽인들이 흔히 보던 교회 건물이어서 그런지 반크 교회만큼은 유네스코의 지원을 받지 못했다. 그런 이유로 한국 돈 3,000원 정도의 비싼 가격에 입장을 해야 한다.

반크(아르메니아어로 수도원이라는 뜻) 교회는 압바스 2세가 다스리던 시절에 만들어졌으며 다른 이름으로는 The Cathedral of All Saviors라고 불린다. 당시 이 교회를 만들기 위해 아르메니아인들은 직접 재정을 모금했다. 또한 반크 교회 내부의 많은 그림과 인테리어 장식을 위해서는 카제 아바디크 스테파누시안(Khajeh Avadich Stepanusian)이라는 사람의 재정적 지원이 있었다. 내부의 그림은 네덜란드와 이탈리아 화가들의 영향을

받은 아르메니아 화가들이 직접 그렸다. 예수 그리스도의 생애뿐만 아니라 성경 전체의 내용들이 요약되어 사방의 벽면과 천장에 그려져 있다. 특이한 점은 성 그레고리안이라는 순교자의 고문 받는 모습이 교회 중앙에 그려져 있다는 사실이다. 유럽 여행을 많이 하면서 교회 벽화를 많이 본 사람들은 이 그림을 보면서 아마도 프랑스, 영국, 이탈리아 등지에서 보는 중세 시대 교회의 그림들과 비슷한 인상을 받을 것이다. 그러나 이란에 이런 교회가 있다는 사실 자체가 놀라울 뿐이다.

최근에 보수공사를 통해서 그림의 선명도는 뚜렷해졌지만 안타깝게도 근처 베들레헴 교회의 벽화에서 느낄 수 있는 역사성은 현저히 떨어졌다.

반크 교회는 외적인 것에 대한 놀라움보다도 이슬람 국가인 이란에서 그것도 시아 이슬람을 국교화했던 사파비 왕조에서 이런 교회가 만들어지고 예배가 드려지고 이들이 기독교 신앙을 유지해 왔다는 역사성을 느끼는 것이 더 중요할 것이다. 그러나 안타까운 사실은 현재는 교회로서의 본래 기능인 예배하는 처소로서의 기능을 상실하여 단순히 역사성을 가진 관광지로서의 역할만 하고 있고, 옆 건물은 아르메니안 역사 박물관으로서의 역할만 수행하고 있다는 것이다.

한국의 예전 교회들에 종탑이 있었던 것처럼 반크 교회 건물 입구에도 종탑이 서 있고 규칙적으로 종이 울린다. 그리고 그 옆에는 몇 명의 무덤이 있다. 이는 그동안 반크 교회의 주교를 했던 사람들과 이 교회를 세우는 데 돈을 많이 기부한 사람들의 무덤이다.

교회 정문 입구에 있는 기념품 상점에는 아르메니안과 이란 관련 상품들을 팔고 있다. 이란에서도 갖가지 수공예품으로 유명한 에스파한의 특산품을 전시·판매하고 있다. 낙타 뼈와 코끼리 상아 등 갖가지 동물의 뼈로 만든 보석함들은 독특한 문양의 아름다움을 간직하고 있다.

교회 옆 건물의 박물관은 아르메니안 전문 박물관으로 아르메니안들의 종교, 생활, 역사와 관련된 많은 것들이 전시되어 있다. 박물관 입구 왼쪽 편 반크 교회를 들어오는 입구의 정면에는 크게 세워진 동상과 그 동일 인물의 흉상이 세워져 있다. 도대체 누구이기에 이 사람에 대한 동상이 많을까? 이 사람이 바로 '이란의 쿠텐베르크'라고 불리는 가차투르 바르다페트(Khachatour Vardapet, AD 1590~AD 1646)이다. 박물관을 보면 많은 부분을 차지하고 있는 수제手製 성경책의 수고를 단번에 해결한 사람이 바로 이 사람이다. 이 사람이 인쇄기를 발

명함으로 일일이 손으로 성경을 만들던 아르메니아인들에게
큰 기쁨을 선사했다.

박물관에는 수백 년 된 손으로 직접 쓴 아르메니아 성경들
이 각각 크기별로 전시되어 있다. 그중에 가장 유명한 것은 세
계에서 가장 작은 성경책이다. 눈으로 보이지도 않아서 돋보
기를 그 앞에 설치해 놓아 관람객들이 볼 수 있게 하였다. 이
외에도 아르메니아인들의 전통 복장과 유물들 그리고 이들의
예술적 그림들을 감상할 수 있다. 또한 20세기 초에 터키에서
일어난 아르메니안 학살 사건에 대한 자료도 전시되어 있다.
150만 명 이상이 학살당한 이 사건은 전 세계가 침묵하고 있
고 터키도 여전히 부인하고 있지만 세계 역사가 가지고 있는
씻을 수 없는 아픔이다.

이곳의 또 다른 놀라운 소장품은 성경 말씀이 쓰여 있는 머
리카락이다. 약 30년 전에 10대 여자의 금발 머리카락에 다이
아몬드를 이용하여 정밀하게 성경 말씀을 새겨 넣었다. 우리
나라 사람들도 손재주가 뛰어나지만 이란 사람들의 그것에 감
탄을 할 수밖에 없다. 현미경과 함께 전시되어 있어 직접 눈으
로 글씨를 볼 수 있다. 그냥 말씀이 아니라 머리카락에 새겨져
있는 잠언의 말씀을 묵상할 수 있는 좋은 기회이다.

반크 교회 인근의 졸파 지역은 에스파한의 주요 상업지대
로 많은 상점들이 들어서 있으며 레스토랑과 커피숍들도 많이
있다. 특히 정문을 나와서 왼쪽으로 조금만 내려가면 졸파 호
텔 식당이 나오는데 한국 돈으로 1인당 4,000원 정도면 맛있

는 케밥과 스테이크를 맛볼 수 있다.

이란의 기독교

이란에 기독교가 들어온 것은 파르티아 시대(BC 250~AD 226)이다. 신약성경 사도행전 제2장에 오순절 성령체험을 하면서 사람들이 방언(기독교 용어로 성령을 체험하고 다른 지역 말로 기도하는 것)을 말하기 시자할 때 처음에 언급되는 세 지역이 바로 이란에 있는 바대(파르티아), 메대(하메단 인근 지역), 엘람(후제스탄 지역)이다.

초기 기독교 기록을 보면 예수님의 12제자 중에 도마가 파르티아 지역에서 복음을 전했다고 하며 시몬과 다대오는 이란 지역에서 복음을 전하다가 순교했다고 한다.

바돌로매 역시 파르티아 지역과 아르메니아 지역에서 복음을 전했다. 아람어로 쓰인 초대 교회 관련 문헌에 의하면 3세기 초 무렵에 이란에 350개의 교회가 존재했으며, 그 교회 중에 까라 켈리사(Qara-Kelisa, 검은 교회)라는 교회는 중세 시대에 형태가 조금 변했지만 아직까지도 존재하고 있다. 이 교회는 다대오 순교 기념 교회로 더 유명하다.

파르티아 시대의 왕들은 종교에 대해서 관대한 정책을 폈고, 이 시기에 이란에 교회들의 부흥이 급속히 이루어졌다. 당시 로마에서 핍박 받던 기독교인들이 파르티아 지역으로 피난을 왔으며 파르티아 왕에 의해 보호 받기도 했다.

가장 큰 기독교 공동체는 현재 이라크 지역인 북부 메소포타미아 지역의 아디아베네(Adiabene: 우리나라의 자이툰 부대가 주둔하는 이라크의 아르빌 인근)에 있었다. 그러나 초기 기독교인들의 왕성한 복음 전도 활동에도 불구하고 여전히 이란의 지배 종교는 조로아스터교였다.

조로아스터교 사제였던 카르티르(Kartir)가 남긴 문서에 따르면 메소포타미아 지역(크테쉬폰), 아디아베네 지역 그리고 후제스탄 지역이 기독교 공동체의 중심지로 견고하게 뿌리내리고 있었다고 전해지고 있다. 사산조 페르시아 초기까지 아무런 박해 없이 자유롭게 종교생활을 한 결과이다.

그러나 사산조 페르시아 제국의 바흐람 2세가 왕위에 등극하면서 기독교는 큰 박해에 직면하게 된다. 박해의 배후에는 당시 국교였던 조로아스터교의 사제들이 있었다. 그들은 조로아스터교가 확장하는 데 가장 큰 위협세력을 기독교로 인식하고 이들에 대한 핍박을 강도 높게 진행해 나간다. 이 시기에 순교한 사람 중에는 바흐람 2세의 후처인 칸디다(Candida)가 포함되어 있었지만 이때까지만 해도 순교가 극히 일부에서 일어났다. 그러나 4세기에 들어서면서 상황은 더욱 악화되어 조직적이고 국가적인 기독교 박해가 시작되었다. 4세기 초 로마 황제인 콘스탄티누스가 기독교를 로마의 공식 종교로 공인하고 자신을 기독교 공동체(물론 이란의 기독교 공동체도 포함된다)의 영적 수장으로 선언한다. 이로 인해 이란의 기독교인들은 두 왕을 섬길 수밖에 없게 되었다. 물리적 세계에서는 이란의 왕을 섬기지만 영적인 영역에서는 로마의 왕을 섬기게 되었다.

당시 로마의 확장 정책으로 인해 위협을 받던 사산조의 통치자들은 기독교인들을 잠재적인 적으로 생각하였다. 이들이 로마와 내통할 수 있다고 생각하고 그들에 대해 잔인할 정도로 박해를 시작한다. 서기 301년에 기독교를 국교로 선언했던 아르메니아의 경우는 상황이 더 심각했다. 특히 야즈드게르드 2세 시기에는 기독교 국가인 아르메니아에 대한 조로아스터교로의 강제적 개종이 대대적으로 이루어지면서 아르메니아 전역을 피로 물들였다.

그러나 조로아스터교를 따르던 사산조의 국가적인 핍박과 사제들의 분노에도 불구하고 기독교는 꾸준히 성장했다. 당시의 뛰어난 페르시아 신학자 중에 아프라하트(Aphrahat)라는 자가 있었다. 그는 데몬스트레이션(Demonstration, 논증)이라고 더 잘 알려진 '23개조'라는 신학적 유산을 남길 정도로 신학에 해박했고 당시 신학의 발전에 큰 역할을 했다.

기독교인에 대한 핍박은 야즈드게르드 1세가 집권하면서 완화되었다. 그는 공적인 예배와 교회 건축을 인정했다. 410년에는 그의 후원 아래 셀레우시아에서 공의회가 개최되었다. 크테쉬폰의 주교였던 마르 아이작(Mar Issac)의 주관으로 진행된 공의회에서는 지방 공동체의 규율을 정하고 이란의 성직회를 조직하였다. 초대 동방 총주교로 마르 아이작이 임명되었다. 또한 비잔틴 황제의 특사로 사산조에 온 마루사(Marutha) 주교는 페르시아 교회의 재조직과 기독교 전파에 열을 올렸다. 그러나 야즈드게르드 1세 통치 말기에 기독교에 대한 핍박이 다시 일어났는데 그것은 지역 주교였던 압다스(Abdas)의 선동으로 기독교인들이 수사의 조로아스터교 불의 제단을 훼파한 사건으로 인해서 시작되었다. 이로 인해 압다스 주교는 사형을 당했으며 많은 기독교인들이 죽임을 당했고 수많은 교회들이 파괴되었다.

야즈드게르드 1세의 계승자인 바흐람 5세 때에도 핍박은 계속되었다. 비록 종교는 달랐지만 같은 민족이었던 이들의 동족 간 살육은 비참했다. 많은 기독교인들이 조로아스터교의 박해에 못 이겨 로마의 영토로 도망갔으며 바흐람 5세는 그들의 소환을 요구했지만 거절당했다. 이에 그는 군대를 일으켜 동로마 비잔틴 제국과 전쟁을 하지만 결과적으로 패하고 평화조약을 맺게 된다. 이 평화조약에 비잔틴 황제인 테오도시우스 2세는 이란 내의 기독교 예배의 자유를 넣었고 전쟁이 끝난 직후 이란의 교회들은 자체적으로 예배할 수 있는 권한을 갖게 되었다. 이 일이 있은 후에 이란인들은 핍박에서 벗어나 비교적 평화를 찾을 수 있었다. 이 기간 동안 시리아어로 쓰인 많은 기독교 저작물들이 만들어졌다.

그러나 곧 다시 조로아스터교인들의 기독교에 대한 미움과 분노가 터져 나와 많은 사람들이 순교하게 된다.

호스로우 1세, 호르모즈 4세, 호스로우 2세 같은 사산조 말기의 통치자들은 기독교를 지지해 주고 예배의 자유도 허락해 주었다. 호스로우 2세 같은 경우는 그가 가장 사랑했던 부인이 기독교인 쉬린(Shirin)으로 그들의 사랑 이야기는 유명한 페르시아 시인 네자미(Nezami)에 의해 '호스로우와 쉬린'이라는 시로 만들어져 페르시아인들 사이에 영원히 남아있다.

그러나 호스로우 2세는 집권 후반부에 기독교인들을 박해했을 뿐만 아니라 비잔틴과의 전쟁을 통해 예루살렘을 공격한다. 그는 이곳에서 많은 사람들을 죽이고 예수가 실제 못 박혔다고 전해지는 십자가를 전리품으로 가져왔다.

호스로우 2세가 한 예루살렘에서의 잔학 행위와 십자가 탈취로 인해 로마의 교회들은 황제 헤라클리우스를 재정적·군사적으로 지원하여 페르시아와 다시 전쟁을 하도록 부추겼고 결국 십자가를 되돌려 받았다. 또한 호스로우 2세 때는 페르시아에서 네스토리안 교회의 교리들을 지지하는 많은 저작물들이 만들어졌다.

5~6세기 동안 네스토리안 교회는 아라비아 반도와 메소포타미아에서부터 인도, 중앙아시아까지 급속히 영향력을 확대시켜 갔다. 크테쉬폰에 있던 네스토리안 총대주교는 비잔틴에 있던 교황과 맞먹을 정도의 영향력을 가지고 있었다. 또한 아르메니아와 메소포타미아 지역 그리고 북서부 이란에는 수많은 수도원들이 새로이 세워졌다. 그러나 네스토리안 교회는 이란에서 국가적 교회로 자리 잡지는 못했다. 다수가 믿는 기독교였지만 다른 파들도 많이 존재하고 있었다. 아르메니안 교회, 갈데아 교회 그리고 아시리아 교회와는 많은 교리적 차이를 불러 일으켰으며 결국 이러한 알력과 갈등은 이란 내에

서 기독교의 몰락을 가져 왔다. 내부적 권력 다툼과 갈등으로
인해 힘을 잃은 기독교는 결국 이슬람이 쳐들어오면서 완전히
붕괴되고 만다. 크테쉬폰은 아랍의 침공으로 철저히 파괴되고
주교청도 바그다드로 762년에 이전하게 된다.

이란에 이슬람이 들어오면서 기독교인들도 조로아스터교인
과 유대인처럼 인두세를 바쳐야 했으며 무슬림 이웃들과 구분
되어 살아야 했고 나라의 일을 하는 공무원으로 들어가지 못
했다. 그래서 이들 대부분은 예술이나 기술을 이용한 직업을
많이 가졌으며 특히 보석 세공업에 많은 사람들이 종사하게
되었다.

압바스 왕조가 들어서면서 다른 종교를 믿던 소수파들의
지위가 조금씩 향상되었다. 외국어에 능했던 이들은 9세기에
크게 일어났던 국가적 번역 사업에 큰 공헌을 했으며 일부는
궁정에서 일하기도 하였다. 그러나 기독교인들의 지위는 무엇
보다 무슬림 통치자의 성향에 따라 좌지우지 되었다.

640년에 성지 예루살렘이 무슬림들에게 정복되면서 유대인
들과 기독교인 그리고 무슬림들 사이에 끊이지 않는 갈등이
시작되었다. 1095년부터 1270년까지 계속된 십자군 전쟁으로
인해서 이란의 기독교인들은 십자군과 한패로 오인되어 많은
고통을 당해야 했다.

투르크족이 이란에 침입했을 때에도 이란의 기독교인들은
많은 핍박을 받아야 했다. 이들은 비잔틴 제국과 전쟁을 치렀
기 때문에 이란 내의 기독교인들을 기독교 국가인 비잔틴과

내통한다고 의심하고 많은 고통을 가했다. 이런 오랜 핍박에도 기독교 공동체는 바그다드와 니샤푸르(Nishapur) 같은 대도시에 여전히 남아있었다.

상대적으로 이란 동부 지역의 기독교 공동체는 통치자들의 보호로 그나마 안전을 유지했다. 또한 1258년에 몽골이 이란을 침입하면서 잠시나마 자유를 누릴 수 있었다. 그러나 곧 몽골의 황제들이 이슬람으로 개종하면서 자신들의 이슬람에 대한 독실함을 소수종교들에 대한 핍박으로 표현하였다.

티무르의 침입으로부터 사파비 왕조의 압바스 왕까지 이란의 기독교 역사는 알려진 것이 거의 없다. 1603년 이란 북서부의 아르메니아 지역의 기독교 주교가 압바스 왕에게 오스만 튀르크로부터 자신들을 보호해 줄 것을 탄원하였고 압바스 왕은 당시 수도인 에스파한의 자얀데 강 남부에 있던 졸파 지역에 아르메니아 사람들을 대거 이주시켰다는 기록이 남아있다. 이때 많은 아르메니아인들과 그루지아인들이 이란의 중부 지역으로 흩어졌다. 물론 압바스 왕이 이러한 정책을 취한 목적은 단순히 기독교인들을 보호하는 데 있는 것에 있는 것이 아니었다. 이들을 이용하여 유럽과의 무역의 물꼬를 트고 여러 부분에 뛰어난 기술을 가진 이들을 육성하여 경제를 회생하는 데 중점을 두었다.

17세기에 들어서면서 이란의 네스토리안 교회는 공식적으로 자신들의 교회를 단념하고 많은 사람들이 로마의 가톨릭으로 병합되었고 이들은 후에 칼데인 교회로 혹은 그냥 가톨릭으로 불리기 시작하였다. 그러나 네스토리안 교리들이 아시리안 교회에 미친 영향은 아직도 남아있다.

17세기 초에 다시금 기독교 선교사들이 이란에 들어온다. 이들은 대부분 압바스 왕의 궁정을 통해 왔으며 에스파한에 본부를 두고 활동한다. 이들 선교사 중에 가장 유명한 사람이 아비뇽에서 성자로 불린 로데 신부이다. 사파비 왕조 말기 다시 박해가 시작되었고 술탄 후세인 시기에 최절정을 이루었다. 아프간족이 침입했을 때도 졸파 지역은 큰 피해를 입었다. 선교사들도 철수를 해야 하는 상황이 되었으며 많은 기독교인들은 다른 나라로 이주를 하거나 다시 개종해야 하는 최악의 상황으로 치달았다.

두 번째 다시 선교사들이 들어온 것이 19세기 중엽이다. 이들은 당시 기독교인들이 많이 있었던 타브리즈, 에스파한, 우르미예과 살마스에 미션스쿨을 세웠다. 학교 외에도 병원과 고아원 등을 세웠는데, 이 기관들은 종종 정부의 지원을 받아 지어지고 운영되기도 하였다. 19세기 후반에는 수도인 테헤란까지 확장하여 학교와 병원, 교회 등을 건축했다.

1811년에는 헨리 마틴(Henry Martin)이라는 선교사가 쉬라즈(Shiraz)에서 신약을 페르시아어로 번역하는 작업을 마친다. 곧이어 글렌(Glen) 박사가 구약도 번역을 마친다.

기독교 개신교의 선교 사역은 1834~1871년에 성공적으로 일어난다. 이때 52명의 미국인 선교사가 이란의 동부와 서부에서 선교 사역을 감당한다. 1910년까지 이들은 62개의 학교와 4개의 병원을 세웠다. 또한 러시아에서 온 선교사들도 이전에 네스토리아 교인이었던 사람들을 러시아 정교회로 개종시켰다.

기독교인들도 다른 소수종파들처럼 입헌 혁명에 적극적으로 가담하여 이슬람 국회가 아니라 헌법에 의해 운영되는 입헌 국회를 만들었지만, 팔레비 왕조가 들어서고 나서야 자신들의 정치적 지위를 보장받게 된다. 1979년 이슬람 혁명 이후에 구성된 새로운 국회에서 소수종교를 믿는 종족들이 자신들의 종교행위를 할 수 있는 권리를 보장해 주었다.

현재 토착 기독교인들은 아시리아인과 아르메니아인들뿐이다. 이 외에도 아주 적은 수의 가톨릭, 정교회 그리고 개신교인들이 존재한다.

아르메니아인들과 아시리아인들은 자신들의 국회 대표자들을 선출하고 있으며 자신들의 종교법에 따라 결혼과 이혼, 상속 등을 집행한다. 그러나 공공장소에서는 무슬림들이 행하는 모든 것을 같이 지킨다. 현재 아제르바이잔과 에스파한에 두 개의 수도원이 존재하고 있다.

새로운 시대로의 출발, 시아 이슬람

사파비 왕조가 들어선 1501년 이전까지 이란의 지배 종교는 수니 이슬람이었다. 그러나 사파비 이전까지 시아파 무슬림들이 항상 숨죽여 지낸 것은 아니다. 10세기 이란에 부예조가 들어서면서 수니의 지배 아래 있던 이란의 시아파 무슬림들이 마음껏 자신들의 신앙을 표출하기 시작한다. 에스파한을 수도로 정하고 바그다드까지 점령하여 압바스 왕조의 칼리프를 자신의 권력 아래 두었던 부예조는 시아 이슬람을 지지하였고, 시아 성직자들을 양성하고 후원하였다.

이슬람 세계 전체를 다스리기 위해서 갑자기 시아 이슬람 국가를 선포한 것이 아니라 수니파 칼리프를 내세우고 뒤에서 조종했기 때문에 눈에 띄게 드러나지 않았지만 시아 무슬림들이 가장 자유롭게 자신의 신앙을 드러낼 수 있었던 시기였다. 그러나 곧 투르크계 외래 왕조들이 들어서면서 다시 수니파의 수중으로 돌아간다.

시아파의 태동

시아 이슬람이 무엇이고 어떻게 형성되었는지를 알기 위해서는 무함마드 사후인 632년의 역사적 상황들에 대한 이해가 있어야 한다.

메카에서 메디나로 히즈라(Hizra)를 감행한 10년 후인 632년 무함마드의 죽음은 종교적으로 그리고 정치적으로 중요한 위기 상황을 초래하였다. 무함마드는 이슬람 공동체의 종교적·정치적 지도자이자 어느 누구도 감히 실행할 수 없는 최후의 예언자(Nabi)이며 신의 사자(Rasul)였기 때문이다.

이러한 무함마드의 중요한 역할 때문에, 그의 죽음은 과연 이슬람 정치 체제가 카리스마적인 인물의 손실에도 불구하고 생존할 수 있을 것인가에 대한 의문을 불러일으키기에 충분했다. 물론 이슬람 정치 체제는 무함마드의 죽음 이후에도 존속하였다. 그러나 무함마드 이후 칼리프(계승자) 계승권을 둘러싼 투쟁은 궁극적으로 이슬람 세계를 수니와 시아로 양분하고 말았다.

모든 무슬림들은 "알라는 유일신이며, 무함마드는 그의 사도이다."라는 공통된 신잉을 고백하고, 무슬림의 기본 의무인

다섯 기둥(신앙고백, 기도, 자선, 금식, 성지순례)을 지키며, 쿠란을 그들의 경전으로 소중하게 여긴다. 당연히 시아 무슬림과 수니 무슬림도 이런 종교적 전통들을 똑같이 지킨다. 이들의 기본적 교리들은 일치한다. 위의 사실을 감안하면 당연한 일이겠지만 이 두 종파의 갈라짐은 종교적이 아니라 정치적인 갈등에서 시작되었다.

무함마드의 사후 계승권 분쟁으로 시작된 두 종파의 갈등은 이름에서 알 수 있다. 시아는 'Shia-t-Ali' 즉 '알리를 쫓는 사람들'에서 유래하였고, 수니는 'Sunna(선지자의 전통)를 따르는 사람들'에서 유래하였다. 이 분쟁은 정치적인 면에서 그친 것이 아니라 수 세기가 지나면서 종교적인 부분까지 확장되어 갔다.

시아파는 이슬람의 정통 칼리프라고 이야기하는 아부 바크르, 우마르, 오스만을 쫓지 않고 무함마드로부터 이어지는 선지자의 능력이 오직 알리에게만 이어진다고 믿었다.

특별히 시아 무슬림들은 무함마드에서 이어지는 계승권을 3가지 측면에서 더욱 신뢰하고 있다. 첫째, 선지자의 계승권은 신성하고 거룩하게 임명되어야 한다. 둘째, 선지자가 알라에 의해 선택되듯이 그의 계승자인 이맘도 무함마드에 의해 검증된 사람이고 알라에 의해 선택된 사람이어야 한다. 셋째, 무함마드 다음의 계승자는 바로 알리이다.

예언자 무함마드가 사망한 이후 시아로 알려진 일부 무슬림들은 무함마드의 혈통인 알리가 이슬람 공동체의 칼리프가

되어야 한다고 믿었다. 이 집단의 이러한 믿음은 결국 시아 이슬람으로 알려진 조직체의 형성에 정치적 동기를 제공해 주었다.

시아 이슬람의 첫 번째 이맘인 알리는 세계사 시간에 배운 이슬람의 정통 4대 칼리프 중에 마지막 4대 칼리프이다. 알리는 어려서부터 무함마드에 의해 키워졌으며, 무함마드의 사랑하는 딸 파테메의 남편이기도 하다. 알리는 어려서부터 늘 무함마드와 함께 했으며, 무함마드의 모든 여정을 함께 하고 '무함마드와 이슬람을 위해서 자신의 것을 버린 용감하고 지혜 있는 자'라고 전해지고 있다. 무함마드도 종종 알리의 용맹함과 신실함을 칭찬하고 그에게 신뢰를 표현했다. 사람들은 무함마드의 생각을 가장 잘 이해하고 수행하는 알리가 무함마드 사후 그의 자리를 이을 가장 적임자라고 생각하고 있었다.

그러나 무함마드 사후 그의 자리는 무함마드의 장인이자 오랜 친구인 아부 바크르에게 넘어갔고, 그 사실에 승복하지 못하고 알리를 진정한 이슬람의 지도자라고 여기며 끝까지 그를 추종하는 사람들이 생겨나기 시작하였다.

아부 바크르는 2년 동안 칼리프 직을 수행하고 죽었다. 그 후에 칼리프의 등극은 역시 알리가 아닌 우마르였다. 하지만 우마르는 알리를 존중하고 그에게 조언을 얻으면서 정복사업을 펼쳐 가장 넓은 이슬람의 팽창을 이룩하였다(이때 이란의 사산조 페르시아 제국이 이슬람에게 정복되었다).

10년의 치세 후에 우마르가 죽고 나자 또다시 칼리프 직은 오스만에게 넘어갔다. 알리를 추종하는 사람들의 불만은 점점 커져만 갔다. 탐욕이 강했던 오스만은 이슬람으로 정복한 각 지역에 자신의 친척들을 책임자로 보내 친정체제를 구축해 갔다. 그동안 민주적이었던 이슬람 세계가 점점 오스만의 폭정에 그 의미를 잃어 가자 그에 대한 불만이 폭발하여 폭동이 일어나고 오스만은 암살을 당하게 된다.

드디어 알리가 많은 사람들의 추대로 마지막 정통 칼리프 직에 오르게 된다. 그러나 당시 오스만의 지명으로 시리아 총독으로 있던 무아위야가 반란을 일으킨다. 이 전쟁으로 인해 수천 명의 무슬림들이 죽게 된다. 전세가 불리해진 무아위야는 알리 측에 협상을 요구하고, 이 일을 두고 알리의 추종자들은 두 갈래로 세력이 나눠진다. 끝까지 싸움을 주장하는 주전파와 알리를 포함한 쿠란의 명령대로 화해를 주장하는 협상파가 그것이다.

결국 무아위야와 협상을 하게 되고 끝까지 싸움을 주장하던 사람들은 알리의 진영에서 떠나게 된다. 이들이 바로 이슬람 최초의 종파인 카와리즈(Kharijite, 떠난 자들)파이다. 이들은 이후 공공연히 알리의 암살을 시도했으며 결국 알리는 이라크 쿠파의 한 모스크에서 기도하던 중 카와리즈파 암살자의 독 묻은 칼에 죽임을 당하게 된다.

이후 시리아 총독이던 무아위야가 이슬람의 권력을 잡게 되고 스스로를 칼리프로 칭하고 우마이야조를 세운다. 그 이전까지 원로들의 추천과 선거로 정해지던 칼리프는 무아위야

이후로 한 가문에 의해 세습되기 시작하면서 초기 이슬람의 정신에서 벗어나기 시작한다. 그리고 무아위야가 죽은 후 자신의 아들 야지드에게 칼리프 직을 물려주었다. 이때까지도 사람들은 숨어서 알리를 추모하고 알리의 가문을 따랐지만 이들은 크게 드러나게 활동하지 않았다. 그러나 알리의 둘째 아들인 시아파 제3대 이맘 후세인이 카르발라에서 야지드의 대군에 의해 무참히 살해된 것을 전해들은 후 알리를 추종하는 세력들은 급속도로 모이기 시작했고 이것이 시아 이슬람의 태동이 되었다.

후세인의 죽음과 아슈라

시아 이슬람이라는 종파가 발생한 결정적 계기가 된 사건이자 시아 이슬람의 최대 종교기념일인 아슈라(Ashura)의 배경이 되는 사건이 바로 680년 이슬람력 1월(Muharram, 무하람달)에 카르발라에서 일어난 제3대 이맘 후세인의 죽음 즉, 카르발라 사건이다.

제4대 정통 칼리프이자 시아 이슬람의 제1대 이맘이었던 무함마드의 사위 알리는 661년 카와리즈파에 의해 이라크 쿠파의 모스크에서 암살당했다. 후에 그의 첫째 아들 하산이 이맘 직을 계승하였으나 유약했던 하산은 곧 우마이야조를 건설한 무아위야에게 충성을 냉세했고, 후에 암살당한다.

무아위야는 칼리프 직을 자신의 아들인 야지드에게 물려주고 죽는다. 그 이후 칼리프 직은 초기의 민주적 선출방식에서 벗어나 전제 왕권처럼 세습을 하게 된다. 시아파에서 선과 정의의 상징인 후세인은 671년 형인 하산의 뒤를 이어 이맘 직을 계승하였다.

680년 칼리프가 된 야지드는 후세인에게 자신에 대한 충성의 맹세(Bay'a)를 요구하였다. 그러나 그렇게 할 마음이 전혀 없었던 후세인은 성소였던 메카의 하람 사원으로 피신하였다. 후세인은 이곳에서 약 넉 달 동안 기거하였다. 메카에 있는 동안 그는 이라크 남부에 위치한 쿠파의 백성들로부터 많은 서신을 받았다. 그들은 후세인에게 야지드의 폭정에 대항할 반란의 지도자가 되어줄 것을 부탁하였다. 이 요청을 승낙 하고 후세인과 그의 가족 그리고 측근들은 메카를 떠나 쿠파로 이동하기로 결정하였다.

메카를 떠나기 전 후세인은 그곳에 순례를 위해 모인 사람들에게 자신은 순교를 당할지도 모르지만 야지드 정권의 불의와 폭정에 대항하기 위해 떠나야만 한다고 마지막 설교를 하고 떠났다.

칼리프 야지드는 쿠파로부터 후세인에게 지도자가 되어줄 것을 부탁하는 편지들이 전해졌다는 소문을 듣고, 먼저 쿠파의 시아 지도자들을 처형했다. 그리고 군대를 파견하여 이라크 남부 유프라테스 강 근처 카르발라에서 이맘 후세인과 추종자들을 기다리고 있다가 포위하였다. 히즈라(이슬람력) 61년 (680) 1월 야지드의 군대는 이맘 후세인과 추종자들을 사막에서 포위한 후 9일 동안 물의 공급을 차단하였다. 10일째 되던 날 이맘 후세인과 추종자들은 밤 예배를 마친 후 3만여 명의 야지드 군대에 의해 무참히 살해당했다.

거의 모든 남자들이 머리가 잘리는 참수형을 당했다. 후세인의 여동생인 자이납(Zaynab)을 포함한 몇 명의 여자들은 포로가 되었다. 후세인의 잘려진 머리는 특별히 다마스쿠스의 야지드에게 보내졌다. 시아파의 역사에 따르면, 야지드는 후세인이 다시는 쿠란을 낭송하지 못하도록 막대기로 그의 머리를 정신없이 후려쳤다고 전해진다.

이슬람력으로 매년 1월 10일은 시아의 가장 성스러운 날인 아슈라(Ashura) 기념일이며, 이 날 시아 무슬림들은 680년의 카르발라 사건을 재현하고 후세인과 추종자들의 고통을 함께 나누고 애통해 한다. 이맘 후세인의 참수된 몸체가 묻혀있는 카르발라는 시아 이슬람에서 가장 성스러운 장소이며, 매년 수많은 시아 무슬림들이 순례를 하기 위해 방문하는 장소이다.

시아파와 수니파의 차이

시아와 수니의 차이점을 이야기하기 전에 이맘(Imam)에 대한 각 종파의 정의부터 알아봐야 한다. 이맘이라는 말은 수니 무슬림이나 시아 무슬림이나 공통적으로 사용하는 말이지만 그 말이 지닌 의미는 엄청난 차이를 가지고 있다. 수니파에서는 이맘을 종교적 집회의 기도를 인도하는 사람 혹은 예배 의식에 숙달된 존경할 만한 사람으로 여기고 있으며 누구든지 이맘이 될 수 있다. 이맘은 직업이 아니고 단순히 예배를 인도할 때만 이맘으로서 역할을 할 뿐이다.

그러나 시아 이슬람에서는 전혀 다른 의미를 가지고 있다. 이맘은 이슬람 세계의 세속적 통치자가 되는 독점적 권리의 소유자일 뿐만 아니라, 이슬람 성법상의 문제에 대하여 절대적 권위를 가지는 '최고 성직자'를 의미한다. 이맘은 알라로부터 자신의 백성을 이끌라는 임무를 위임받은 존재로 이맘 직은 예언자 무함마드 사후 무슬림 공동체의 최고 직책임을 의미한다. 그는 과실 없는 지도자이며 종교문제를 해결하는 유일한 성직자이기도 하다.

이맘에 대한 정의를 기본 바탕으로 시아와 수니의 차이는 크게 세 가지로 나눌 수 있다.

첫째, 시아 무슬림들의 "이맘은 신에 의해서 선택 된다."라는 믿음이다. 신은 예언자를 선택했고, 그의 혈통에게 통치권을 부여했다고 믿는다. 하지만 수니 무슬림들은 이맘 혹은 지도자 칼리프는 무슬림 원로들의 회의에서 선택되거나 이전 칼리프에 의해 지명된다고 믿는다. 실제로 수니 무슬림들이 정통 칼리프로 생각하는 아부 바크르, 우마르, 오스만, 알리는 원로들의 회의를 통해 선택되었고, 이후 수니 무슬림 세계는 칼리프들에 의해 지명되었다.

둘째, 시아 무슬림은 이맘은 나면서부터 죄가 없다고 믿고 있으며 그의 권위나 능력은 신으로부터 부여 받았기 때문에 어떠한 오류도 없다고 믿고 있다. 그래서 이들은 이맘을 성인처럼 숭배하고 그들의 무덤이나 기념 모스크에 복을 기원하기 위해 찾아가서 기도하기도 한다. 반면 수니 무슬림들은 이맘, 즉 칼리프도 죄를 지을 수 있고 폭군도 될 수 있지만 이들의 권위에 복종하여 이슬람을 유지시키며 폭동을 조장하지 않는다.

셋째로는 이맘의 완벽한 능력이다. 지식, 용기, 지혜, 긍휼, 신성함, 하나님에 대한 사랑 등 인간이 가질 수 있는 모든 능력을 두루 갖춘 완벽함이다. 반면 수니에서의 칼리프는 한낱 인간에 불과하지만, 일반인보다 뛰어난 능력으로 칼리프 직을 수행한다고 생각한다.

이 외에도 시아 무슬림들은 무함마드의 동료들에 대한 증오심을 가지고 있다. 정통 칼리프라고 불리는 4명 중 알리를 제외한 세 사람 즉 아부 바크르, 우마르, 오스만과 무함마드의 부인들 중의 아이샤 등 초기 무함마드의 동료들이 이야기하는 선지자의 삶과 영적 행동들에 대한 전통(하디스: 이슬람의 경전 중 하나)을 그다지 신뢰하지 않는다. 이것은 자연스럽게 두 종파 간의 종교적 차이를 가져오게 했다. 그 차이는 순례와 단식, 기도 등 세세한 부분까지 차이를 만들어 냈다.

이런 차이에도 불구하고 시아와 수니는 이슬람의 쿠란과 주요 믿음의 원리들을 공유하고 있다. 하지만 오랫동안 수니 무슬림으로부터 차별과 억압을 받아온 시아 무슬림들은 불만을 가지고 있으며, 시아와 수니가 함께 거주하는 이라크나 사우디, 이란 같은 곳에서는 서로에 대한 차별을 행하고 있으며, 많은 수니 성직자들은 아직도 시아파를 이단으로 여기고 있다.

시아 이슬람의 발전, 사파비 왕조

사파비 왕조의 등장은 이란의 시아 무슬림들에게 민족 해방과도 같은 사건이다. 수백 년간 억눌림 속에 살아왔던 이들에게 자신의 신앙을 드러내고 마음껏 표현할 수 있는 시대의 시작을 알리는 사건이었다.

건국 초기 다수를 차지하고 있던 수니파 무슬림들을 점차 시아 이슬람으로 개종시켰으며 반발 세력과 위협세력을 제거했다. 그리고 안정적인 시아파의 포교를 위해서 외부에서 뛰어난 시아 성직자들을 모셔서 시아파의 신학을 발전시켰다.

에스파한을 재건한 위대한 압바스 왕은 시아파의 정착을 위해 당시 위대한 신학자이자 장인인 쉐이크 롯폴라를 모셔왔으며 그를 이맘 모스크와 차하르바그 마드레세(Chaharbagh Madreseh)의 책임자로 임명했다.

사파비 시대에 신학교들이 많이 생겼다. 당시 세워졌던 쉐이크 롯폴라 모스크, 이맘 모스크 등 기념비적인 건물들에 늘 신학교가 같이 만들어졌으며, 이 외에도 물라 압돌라 마드레세(Mullah Abdollah Madreseh), 니마바르 마드레세(Nimavar Madreseh), 카세가란 마드레세(Kasegaran Madreseh) 등이 세워졌다.

사파비 왕조는 성직자를 통제하려는 정책으로 종교 토지를 하사했으며 이 토지는 종교인들이 소유하고 대여하여 세금을 거두어들이기까지 하였다. 이들은 사파비 시기에 경제적 자립을 실현함으로써 더 큰 세력을 갖기 위한 기본적 준비가 되었다.

이뿐만 아니라 시아의 신학도 발전하여 미르다마드(Mirdamad)와 그의 제자 몰라사드라(Mola sadra)가 시아파 신학을 한 단계 업그레이드 시켰다.

에스파한 이슬람의 산 증인 자메 모스크

에스파한 중심가에 가장 큰 바자르(Bazaar)를 끼고 있는 모스크가 자메(Jame) 모스크이다. 이란의 다른 도시와 마찬가지로 에스파한의 자메 모스크 또한 도시 중심부에 위치하고 있다. 이란인의 삶은 모스크를 중심으로 이루어진다. 도시가 세워질 때는 모스크가 먼저 세워지고 주변에 바자르 즉, 시장이 형성된다. 그리고 그 주변에 다시 주거지가 형성된다. 즉, 도시 생활이 모스크를 중심으로 돌아간다는 말이다.

낙쉐자한(이맘 광장)에 있는 이맘 모스크나 쉐이크 롯폴라 모스크가 타일로 예쁘게 화장을 한 도시 여성이라면 자메 모스크는 화장기 없는 얼굴에 순수함을 머금은 시골 처녀 같은 모습이다. 자메 모스크는 어찌 보면 촌스럽기까지 하다. 그러나 돌 하나하나 기둥 하나하나에 담긴 역사적 의미만으로도 이란

자메 모스크

최고의 모스크로 손색이 없다.

대부분의 수니 무슬림들은 조메(Jome, 금요일)에 모스크에 가서 예배를 드린다. 그러나 조메마다 모스크에 가서 예배를 드리는 시아 무슬림들은 드물다. 의무가 아니라 선택이기 때문에 그날그날 다르다. 시아파와 수니파의 단편적인 차이로 볼 수 있다. 그러나 이 모스크는 이란이 시아파가 되기 훨씬 전인 8세기 무렵에 아랍 무슬림들이 이곳을 처음 정복하고 수니 무슬림들의 기도처로 만든 모스크이다.

자메 모스크의 자메는 영어로 Congregational이라는 뜻으로 회중이 모이는 모스크라는 의미를 지니고 있다. 조메마다 이곳에 사람들이 모여서 알라에게 기도를 하는 용도로 만들어졌다. 그래서 또 다른 이름으로 조메 모스크라 불린다(자메 모스크는 지역마다 있다).

에스파한에서 가장 오래된 모스크이자 이란에서도 오래된 모스크 중에 하나인 에스파한 자메 모스크의 특별한 점 중 하나는 자메 모스크 내부에 들어가서 왼편에 위치한 돔이다. 셀죽 시대의 위대한 재상중 하나인 니잠 알 물크(Nizam al-Mulk)의 이름을 따서 만든 니잠 알 물크 돔은 승자와 역사를 그대로 보여준다.

이곳은 이슬람이 이란에 들어오기 전인 사산조 페르시아 제국의 국교였던 조로아스터교의 불의 제단이 있던 장소이다. 페르시아와 아랍 이슬람 전쟁의 승자인 아랍 무슬림들이 불의 제단 위에 정복자의 종교인 이슬람의 모스크를 그대로 지었다. 승리의 표시처럼 혹은 새로운 시대와 새로운 종교의 등장을 알리는 신호탄처럼 그 자리에 모스크를 만들었다. 위대한 승리에 도취되어서였을까? 처음 모스크를 세울 때 끼블라(모스크에서의 기도 방향이 메카의 카바를 향하는 것)가 메카의 방향에서 약간 틀어졌다. 그러나 천년 가까이 에스파한을 지배했던 각 왕조들이 증개축하면서 방향을 바로잡았다.

입구와 니잠 알 물크 돔을 이어주는 공간은 셀죽 시대에 심혈을 기울여 만든 도서관이었다. 이 거대하고 아름다운 도서관은 니잠 알 물크를 암살한 이스마일파(7대 이맘파로도 불리는 시아 이슬람의 한 분파, 이들은 하쉬쉬라는 중독성 있는 약초를 피우고 천국을 경험한 후에 자신과 뜻이 다른 많은 사람들을 암살하였다. 니잠 알 물크가 이들을 탄압하자 그를 암살하였으며 자메 모스크의 셀죽 시대 부분이 대부분 이들이 지른 불에 의해 소실되었다)에 의해 소실되었다.

새로운 종교의 정복을 알리는 자메 모스크는 그 후 카자르 왕조까지 거의 천 년 동안 증축되고 개축되었다. 부예조, 셀죽

조, 그리고 이슬람화 된 몽골 왕조인 일한국을 거쳐 사파비 왕
조까지 각각의 왕조의 왕들이 정성을 들여 이 모스크를 발전
시켜왔다.

그 덕분에 이곳에서는 각각 이란의 역사적 왕조들의 건축
양식들을 비교해 볼 수 있는 행운을 누릴 수 있다. 뿐만 아니
라 각 왕조마다의 특징적인 장식 문양이 새겨진 모자이크 타
일과 건축술의 차이도 확인할 수 있다.

조로아스터교의 불의 제단이 있던 장소인 남측 돔은 셀죽
시대에 만들어진 지역으로 셀죽의 고유한 건축양식을 확인할
수 있다. 그러나 옆에 세워진 미나렛(Minaret)은 투르크계의 백
양조(aq-Quyunlu) 시대에 만들어졌다. 남측과 서측이 이어지는
모서리 지점은 사파비 왕조가 건설했다.

자메 모스크의 서쪽에는 이곳의 가장 중요한 보물 중에 하
나인 몽골의 일한 왕조의 올제이투(Oljeitu) 왕이 1310년에 만든
미흐랍(Mihrab)과 민바르(Minbar)가 있는 공간이 있다. 무슬림이
었던 올제이투는 자신의 나라의 번영에 감사하는 뜻으로 아름
다운 미흐랍을 만들었다. 왼편에는 5계단이 있는 민바르가 오
른편에는 7계단이 있는 민바르가 있으며 오른쪽 것이 더 역사
가 깊다. 그곳을 지나서 더 들어가면 티무르 시대인 1447년에
만들어진 겨울 기도처(Winter Prayer Hall)가 있다. 이곳은 건축학
적으로 따뜻하게 만들어서 겨울에 난방 기구를 사용하지 않고
도 많은 사람들이 추위를 피해 와서 기도할 수 있는 곳이다.

이곳에서 보면 조로아스터교를 누르고 이슬람이라는 새로

운 종교가 자리 잡은 것처럼 보이지만 실상은 이곳에서 조로
아스터교의 영향을 받은 이슬람의 문화를 더 확인할 수 있다.
이곳의 문양을 보면 과거 조로아스터교의 문화의 영향을 확인
할 수 있다.

에스파한의 자메 모스크는 겉으로 보이는 화려함보다 내부
건물에서 역사성을 느낄 수 있다. 또한 조로아스터교와 이슬
람과의 관계를 다시금 생각해 보는 시간을 가질 수 있다. 입구
에서 표를 파는 아저씨에게 건물에 대해서 설넝해 달라고 이
야기하면 더 좋은 정보와 역사를 들을 수 있다.

페르시아인의 사상적 뿌리, 조로아스터교

조로아스터와 조로아스터교의 역사

조로아스터교의 창시자 조로아스터(Zoroaster)의 삶과 그의 출생에 대해서 정확하게 알려진 것이 없다. 그러나 많은 문서들에서 단편적으로 언급된 것들과 고대 언어학적 증거를 바탕으로, 그가 대략 기원전 15세기경에 태어났다는 주장과 기원전 7세기경에 출생했다는 의견이 팽팽히 맞서고 있다. 그의 출생에 대해서도 이란 북서부 우루미예(Urumieh) 출신이라고 주장하는 사람도 많이 있지만, 이란 동부의 박트리아(Bactria, 현재 아프가니스탄 지역) 출신이라는 것이 더 지배적 의견이다. 그의 출생 시기와 연도에 대해서도 확실하지 않을 정도로 잘 알려지지 않은 종교 같지만 사실 조로아스터교는 유대교, 기독교, 이슬람, 불교 등 세계 주요 종교에 큰 영향을 미친 고대 고등 종교이다.

조로아스터교의 경전인 『가타스(Gathas)』에는 그가 30살에 계시를 받았지만 실제 포교활동을 시작한 것은 40살이 되어서였다고 전해진다. 그는 농민들을 주 전도 대상으로 삼았지만 다른 계층에게도 모두 전도의 문을 열어놓았다. 조로아스터교는 이란 동부 박트리아의 왕이었던 고슈타습(Goshtasp)이 개종하면서 왕실의 비호를 받으며 급속히 확장한다. 고슈타습 왕은 다신교의 다민족 사회에서 사회가 분열되어 있는 상태보다 조로아스터교라는 새로운 유일신 종교를 받아들여 나라를 하나로 연합시키는 것이 통치에 효과적이라는 생각을 가지고 있었다. 고대 문헌에 따르면 고슈타습 왕은 조로아스터에게 자신의 제사장들인 마기를 조로아스터교의 제사장의 임무를 맡도록 제안했다. 그러나 조로아스터는 마약과도 같은 중독성 음료인 '하오마'를 마시는 미신적 관습을 배제하고 그 제안을 받아들였다고 한다. 이후로 마기족이 조로아스터교의 제사장 종족이 되었다고 전해진다.

마기(Magi)족은 메대(Median) 종족의 제사장 종족으로 기원전 4세기경부터 조로아스터교의 사제 계급에 많이 등용되었다. 그들은 점성술에 능했고 교육을 많이 받은 계층으로 관료로도 많이 등용되었다. 이들은 선교사뿐만 아니라 외교관으로도 활동하였고 성경에 나오는 아기 예수의 탄생을 기념하여 동방에서 온 박사들이 이들이라고 알려져 있다.

조로아스터는 자신의 종교를 전하면서 점차로 고대 이란인의 종교적 사상과 의식, 세계관을 조로아스터교의 사상으로 대체시켰고 결국 인도 아리안족들과는 다른 이란 아리안족만의 새로운 세계관을 이들에게 심어주었다.

이란의 종교와 역사를 연구하는 학자들은 조로아스터를 인류 역사상 위대한 개혁가 중에 한 사람으로 꼽는다. 그는 예부터 이란인들이 믿어오던 고대종교의 다신교적인 사상과 관습들을 개혁하였고 유목사회에서 정주사회로의 전환을 이끌었다. 그의 교리는 이해하기 쉬었으며 그는 이란의 고대종교에서 사용하던 친숙한 신들의 이름을 사용하였다. 그러나 단지 이름만 차용해 왔을 뿐이지 이론과 종교적 의례들은 완전히 새로운 것들이었다.

조로아스터교의 종교의식에서 가장 중요한 것은 불을 신성하게 여기는 것이다. 불은 신의 성품을 나타내는 상징적 물질이다. 불 스스로가 밝고 깨끗하고 순수한 특성을 가지고 있어서 신의 속성을 반영하고 있다. 모든 죄가 이 불로 인해 깨끗해진다고 믿고 있다. 조로아스터교도들은 하늘의 밝게 빛나는 해가 유일신인 아후라마즈다의 눈이라고 생각해서 이 눈을 통해 세상의 모든 것을 지켜보고 알고 있다고 생각한다.

조로아스터는 옳은 일을 행하고 진실을 말하며 거짓을 멀리하라고 가르친 윤리적 예언자 중에 가장 큰 예언자이다. 그의 생각은 『가타스(Gathas)』에 가장 잘 기록되어 있다. 이 『가타스』에는 신을 찬양한 송가로 조로아스터가 직접 만든 16개의 시가들이 있다. 이 시가들은 영감과 열정을 주는 말들로 구성되어 있으며 가장 오래된 이란 시가문학 작품 중 하나이다.

메대 왕조부터 이슬람이 들어오기 전까지 물론 중간 그리스인들의 점령기인 셀루키드조에서 잠시 주춤하기는 했지만 이 모든 시대에 이란의 사회·종교 생활에 빼놓을 수 없는 것이 비로 조로아스터교이다.

아케메니드조에서는 다리우스 1세를 시작으로 그의 후계자들이 대부분 이 종교를 신봉하였다. 그러나 귀족들의 힘이 강해지기 시작하면서 이들이 예전부터 믿는 고대 이란의 다신교의 많은 신들이 다시 등장했다. 시간이 지나면서 점차 조로아스터교 안에 다신교적 사상과 의식들이 들어오게 되었다. 대표적인 예가 고대 이란의 신인 미트라(Mithra)와 아나히타(Anahita)의 등장이다.

사산조 페르시아 시대는 조로아스터교에 특별한 의미를 가진다. 바로 국가의 종교로 선택된 것이다. 이때부터 조로아스터교는 더욱 조직화된 종교로 발전하게 된다. 수백 년 동안 구전되어 전해 오던 종교 규칙과 전통들이 문서로 작성되기 시작했다.

페르시아의 종교인 조로아스터교가 중동의 다른 종교와 다른 점은 신들을 형상화하거나 신들을 위한 사원을 짓지 않았다. 단지 이들은 들판에 불의 제단을 짓거나 동전의 뒷면에 불의 제단을 새기는 성도였었다.

사산조 시대에는 가장 신성하게 여기는 불이 세 곳에 놓여 있었다.

첫 번째로, 성직자들을 상징하는 불인 아자르 파른바흐(Azar Farnbagh)는 현재 쉬라즈 인근의 카리안(Karian)이라는 작은 마을에 위치하고 있다.

두 번째, 왕들과 전사들을 상징하는 아자르 고슈나습(Azar Goshnasp)은 현재 이란 북서부의 타크테 술래이만으로 불리는 곳에 있다. 예전에는 이곳을 마기들의 불의 신전이라고 불렀지만 점차 왕과 전사들을 위한 곳으로 변형되었다.

마지막인 어자르 바르진메흐르(Azar Barzinmehr)는 농민들을 위한 불이다. 당시 상대적으로 농민이 가장 낮은 계급이었기 때문에 다른 곳보다 중요도가 떨어졌다. 이 불이 있는 불의 제단은 현재 호라산 지역이다.

이슬람이 이란에 들어오면서 조로아스터교의 위치는 급격히 달라진다. 결국 이슬람의 핍박에 못 이겨 개종을 하게 되지만 인도의 일부 지역과 이란의 야즈드 인근 지역에는 아직도 소수의 조로아스터교 교인들이 남아있다.

근대로 와서 최초의 조로아스터교인 회합이 1960년 테헤란에서 열렸다. 이란과 인도의 공동체가 주축이 되어 모임을 가졌으며 이슬람 혁명 이후에도 소수종교로 인정을 받아 의회에 한 석이 배정되어 있다.

조로아스터교의 교리적 특징

조로아스터교에서 세상은 선과 악의 대결의 장으로 간주한다. 유대교, 기독교, 이슬람교와 같이 이 종교에서도 인간에게 특별한 의미를 부여한다. 이들은 선신인 아후라마즈다(Ahura Mazda) 혹은 악신인 아후리만(Ahuriman)을 선택할 자유를 가지고 있다. 그러나 자신의 운명은 이 선택에 좌우된다. 아후라마즈다를 선택하면 영원한 불멸의 삶을 얻지만 아후리만을 선택할 경우 양심에 의해 비난을 받고 결국 죽음을 맞게 된다.

아후라마즈다와 함께 거짓의 신과 싸워 세상을 완벽하게 하는 사람들에게는 신성한 성품을 볼 수 있는데 이것들은 선한 생각, 선한 말, 선한 행동으로 얻을 수 있다.

조로아스터교의 가장 큰 교리적 특성은 두 가지이다.

첫 번째 특징은 이원론이다. 세상이 선과 악의 전쟁터이고 물질적 세계와 윤리적 세계 모두 선신과 악신의 대결의 장으로 생각한다. 고대 인도-이란인의 종교적 토속 신앙에 있는 선과 악에 근거한 이원론적 특징에서 출발했다. 이것이 인간에게 이로운 것인가, 아니면 해로운 것인가로 분류하여 선악을 나눈다.

종교적으로는 아후라마즈다라는 창조주로부터 쌍둥이 영 즉, 선한 영과 악한 영이 태어남으로 해서 세계가 선한 원리와 악한 원리의 전쟁이라는 이원적 구조를 가지게 되었다는 이원론적 일신론(Dualistic Monotheism)으로 설명하고 있다.

둘째로 인간의 역할이다. 선악간의 전쟁에서 인간 스스로 자신을 희생함으로 선한 신이 승리하도록 도와줄 수 있다. 이 희생은 자신의 물질을 드리는 희생과 시간과 정성을 드리는 기도로 구성되어 있다. 조로아스터교의 이원론적 투쟁사에서는 어느 한쪽의 승리로 일괄되는 것이 아니라 자유의지를 가진 인간의 선택과 적극적 행위로 승리를 이끌 수 있다. 인간의 역할에 따라 선한 신이 승리 할 수도 있고 악한 신이 승리할 수도 있다. 그러나 이 전쟁을 영원히 종결시킬 수 있는 것이 사오쉬안트(Saoshyant)라고 불리는 메시아이다. 메시아의 등장과 함께 선한 신의 승리로 세상은 완성된다.

조로아스터교의 관례

수 세기가 흐르면서 조로아스터교의 종교 관례는 성직자들에 의해 구체화되고 그 수도 많아졌다. 대표적으로 장소에 따라 두 부분으로 나뉘는데 불의 제단에서 행하는 전통과 다른 곳에서의 종교적 전통으로 나뉜다.

가장 중요한 종교의식이 바로 조로아스터교 교인으로서의 입회의식이다. 인도에서는 7살, 이란에서는 10살에 행해진다. 이 의식을 위해 풍성한 축제음식이 준비되고 아베스타(Avesta, 조로아스터교 경전)의 가장 긴 부분을 암송을 한다.

한국에는 불을 숭상하는 배화교라고 알려진 것과 달리 실제 조로아스터교인들은 불을 숭상하지 않는다. 불은 단지 순

결함, 순수함, 영원한 생명 혹은 각각의 마음속에 타오르는 빛을 상징하는 것으로 불의 신전 안에 안치해 놓는다. 이 신성한 불은 계속 타올라야 하기 때문에 하루에 5번씩 연료를 공급해 준다. 또한 기도도 하루에 다섯 번씩 동일하게 이루어져야 한다. 새로운 불을 태우는 일은 매우 정성스럽고 중요한 의식이다. 물론 이 의식에는 정화와 재생의 의미가 들어가 있다.

예배의 본질적인 요소인 축제는 조로아스터교의 교리 속에 있는 인간은 기뻐해야 한다는 믿음에 기초하여 중요한 특징으로 자리 잡았다. 이란 사람들이 춤과 축제, 기념일을 즐기는 것의 원천을 여기에서 찾을 수 있다.

기본적인 축제는 가한바르스(Gahanbars)라고 하는 6번의 계절 축제가 있고, 죽은 자들을 기념하는 연말의 행사가 있다. 그리고 조로아스터교의 달력에서 30일의 각각의 날이 신들의 이름이고 12달의 각각의 달도 신들의 이름인데 달과 날의 이름이 겹치는 날에는 그 신을 위해 대대적인 축제를 벌였다. 예를 들면 메흐르 달의 메흐르 날(이란력 7월 16일)을 메흐레건이라고 해서 조로아스터교의 미트라를 특별히 기념하고 해와 광명의 신 덕분에 추수가 잘 되었다고 추수를 감사하는 가을의 대표적 축제의 날로 삼았다.

노우르즈(1월 1일, 아후라마즈다를 뜻하는 파르바르딘 달과 호르모즈 달이다)는 이란에서 지금까지도 가장 크게 지키는 신년 축제로 대표적 조로아스터교 질기이디.

조로아스터교인들의 장례 절차에서 시체를 처리하는 방식

을 다흐마-네쉬니(Dakhma-neshini)라고 한다. 조로아스터교도 들은 사람이 죽고 약 세 시간 안에 사람을 부패시키는 악한 영이 주검을 장악한다고 생각한다. 그래서 이 시간이 지나면 아무나 주검을 만질 수 없으며 시체를 특별히 처리하는 사람만이 이 주검을 씻기고 수의를 입힐 수 있다. 물론 시체를 처리하는 사람은 일반 사람들과 다른 지역에 분리되어 살아간다.

조로아스터 사제는 아베스타 언어(산스크리트 언어와 자매어)로 기도를 읊조리고 영혼이 제 갈 길로 가도록 도와준다(조로아스터교인들은 영혼이 죽고 나면 며칠간은 시체 옆에서 서성인다고 믿는다). 이 강력한 기도로 영혼이 다시 귀신으로 세상에 돌아오지 않는다고 한다. 이때 가족들도 마지막으로 죽은 자와 작별 인사를 하고 3일간 그 옆에 불을 피워 놓은 후에 시체를 다른 곳으로 옮긴다. 그것도 낮에 진행하며, 다흐메(Dakhmeh) 혹은 침묵의 탑(A Tower Of Silence)이라는 곳으로 옮겨 놓는다. 이곳에서 독수리들이 시체의 살들을 다 뜯어먹고, 남아 있는 깨끗한 뼈들은 뼈 단지에 넣어서 보관한다.

오늘날에는 이러한 조장이 금지되어 있기 때문에 죽은 시체를 땅에 묻지만 그 지역은 50년 동안 더럽혀졌다고 생각해서 그곳에서 경작 활동은 하지 않는다.

애도식은 4일 동안 진행되며 죽은 영혼이 물질세계와 영적인 세계를 구분하는 친바트(Chinvat) 다리에 도착하는 4일째 되는 날 애도를 마무리한다. 이 다리를 건너기 전이든 후이든 자신의 살아 있는 동안 행한 행동을 볼 수 있는데 정의롭게 잘 살았으면 이곳에서 아름다운 처녀를 만나고 그렇지 않으면 추한 노파를 만나게 된다. 이들을 다에나(Daena, 영적인 쌍둥이)라고 말한다. 영혼은 미트라에 의해 심판을 받으며 그 후에 천국 혹은 지옥으로 가게 된다.

조로아스터교에서 나온 이란의 전통 명절

앞에서도 언급되었듯이 고대 이란에는 가한바르스(Gahanbars)라고 하는 7개의 중요한 절기가 있었다. 그중에 가장 중요한 것은 신년을 뜻하는 노우루즈였다. 이 의식들은 조로아스터가 만든 주요 신들을 위해 바치는 유목과 농사의 축제로 시작되었다.

노우루즈(Nowruz)는 지금도 이란에서 지키는 가장 큰 절기이다. 3월 20일 혹은 21일로 우리나라는 춘분으로 천체가 정확하게 봄으로 들어가는 시점이다. 이란 역사에서 노우루즈에 대한 기록이 기원전 2세기경에 처음 등장하지만 적어도 2,500년 동안 이 절기를 지켜왔다는 것이 정통한 설이다. 대부분의 노우루즈 절기가 아케메니드 페르시아 시대에 만들어진 것으로 지금까지 크게 변하지 않고 지켜오고 있기 때문이다. 많은 사람들이 빛은 선을 상징하고 어둠은 악을 상징한다는 사실을 믿었던 시대부터 시작된 노우루즈, 즉 악을 선이 승리한 날을 기념하여 이 절기가 시작된 것을 미루어 보아도 적어도 아케메니드조 시대에서부터 시작되었을 것을 추측해 볼 수 있다.

노우루즈는 이슬람의 휴일로 대체되지 않은 유일한 이란 전통 절기이다. 다른 것들은 대부분 이슬람식으로 대체되었고, 남아 있는 것들은 조로아스터교인들만 지키는 절기로 변해 버렸다.

원래 노우루즈 축제는 3주간 진행되었으며 곳곳에 불을 피워놓고 광대와 가면놀이, 놀이꾼, 춤꾼 등 다양한 사람들이 모든 곳에서 축제를 즐기는 명절이었다. 지금도 신년인 노우루즈가 되면 이란의 모든 사람들이 2주간의 명절을 즐기며 산으로 들로 강으로 여행을 떠나고 새로운 옷과 음식을 나누며 가족들을 만나러 다닌다.

노우루즈 전주의 수요일에는 차하르샨베수리(Chaharshanbe-suri)라는 절기를 지키는데, 연말에 불을 피워 놓고 그 위를 뛰어 지나가는 놀이를 한다. 자신의 죄를 불 위를 지나면서 깨끗하게 하고 새해를 맞는다는 의미와 건강을 비는 의미를 가지고 있다.

노우루즈 날에는 특별히 페르시아어 S로 발음이 시작되는 물품 일곱 가지를 차려 놓는 상인 '하프트 신(Haft Sin)'이라는 상을 차린다. 7은 페르시아에서 특별한 숫자이다. 조로아스터교에서는 아메샤스펜타(Amesha spenta)라는 아후라마즈다를 돕는 신도 7존재이다.

'하프트 신' 상에는 사브제(Sabzeh, 녹색으로 싹을 틔운 보리), 십(Sib, 사과), 시르(Sir, 마늘), 세르케(Serke, 식초), 사마누(Samanu, 엿기름과 밀가루로 끓인 액체), 센제드[Senjed, 로터스(Lotus) 말린 것], 소마그(Somaq, 옻나무 잎 말린 것)가 놓인다. 이 외에도 지금은 금붕어와 쿠란, 계란과 동전 등을 추가해서 놓는다.

각각의 물품은 상징성을 가지고 있는데 사브제는 푸름, 사과는 건강과 행복, 마늘은 배고픔을 멀리하고 풍성함을 기원하는 의미를 가지고 있다. 식초는 시큼한 맛으로 얼굴을 찌푸리게 하는데 더 이상 찌푸리지 말고 웃으며 살라는 의미를 지니고 있다. 사마누는 생기발랄함을, 센제드는 심사숙고와 신중함을, 소마그는 삶의 평안을 기원한다.

이 외에도 앞에서 말한 메흐레건이 있다. 바로 메흐르 달 메흐르 날에 메흐르(미트라)를 기념하여 거행되었다. 이란력 7월 16일, 서양력으로는 대략 10월 8일쯤인 가을 추수철에 진행되었다. 이날은 대개 조로아스터교 사제가 축제의 시작을 알리고 6일간 진행된다. 미트라와 관계된 또 다른 절기는 밤이 가장 긴 12월 21일의 얄다(Yalda)가 있다. 이란어로 샵에 얄다(Shab-e Yalda)라고 불리는 이 절기는 우리나라 절기로 동지冬至이다. 이날 이후로 밤이 짧아지고 낮이 길어진다고 하여 태양과 광명의 신인 미트라의 생일로 여기고 축제를 거행했다. 이날 밖에서는 모닥불을 피워놓고 안에서는 작은 화롯불에 불을 피우고 함께 모여 밤을 지새운다. 가족들이 모여 밤새 불을 빨갛게 피우고 태양이 어둠을 이기도록 도움을 준다. 얄다 밤에는 다양한 견과류와 과일을 먹는데 특히 주로 수박을 먹는다.

과거에는 사람들이 이날 삼나무에 장식을 했다. 젊은이들은 자신들의 소망을 색낄 있는 옷으로 쌓아서 나무에 매달아 두었고 미트라가 이 소원을 들어주기를 바라면서 그 옆에는 미트라를 위한 많은 선물들을 놓아두었다. 이 전통이 18세기 중반 루터라는 독일인에 의해 독일에 소개되고 점차 변형되어 퍼지면서 크리스마스트리의 기원이 되었다고 한다. 노우루즈를 제외하고 아직까지 이란에 남아있는 유일한 의식이 바로 얄다 의식이다.

고대 이란의 중요한 의식 중에 마지막은 사데(Sadeh, 100이라는 뜻)이다. 이 절기도 한겨울로 불을 숭상하고 어둠과 추위에 대한 승리를 기념하는 의식이다. 대부분 불에 관한 의식은 겨울에 있다. 이 의식은 12월 11일 혹은 1월 24일 두 날 중에 한 날 진행한다. 왜 이 두 날로 나뉘어졌는지 확실하지 않다. 이 절기는 조로아스터교인에게조차 잊혀진 절기였지만 20세기 들어서면서 이란 밖에 사는 이란인들이 다시금 조금씩 지키고 있다.

에스파한의 조로아스터교

이슬람이 페르시아를 정복하고 이곳에 살고 있던 조로아스터교인들은 세 가지 중 하나를 선택해야 했다. 첫째, 무거운 세금을 감수하고 그대로 사는 것. 둘째, 이슬람으로 개종하는 것. 셋째, 고향을 버리고 이슬람이 정복하지 않은 인도로 도망가는 것이다.

에스파한에 사는 조로아스터교인들도 이 셋 중 하나를 선택했다. 그중 에스파한에서 자신의 종교를 유지하며 남아있는 사람들은 현재 60여 가정이 된다고 한다. 이들은 졸파 인근의 새로운 만들어진 불의 제단에서 자신들의 종교 생활을 계속하고 있다.

에스파한에 남아있는 조로아스교의 가장 큰 유적은 아타쉬가흐(Atashgah) 지역에 남아있는 아타쉬가데(Atashgade) 불의 제단이다. 이것은 사산조 시대인 4세기경에 만든 것으로 추정된다. 에스파한 시내에서 7~8킬로미터 정도 떨어져 있으며 산꼭대기에는 제사를 지내는 불의 제단이 있고 주변은 주변 경계를 할 수 있는 성벽으로 만들어졌다. 사산조 페르시아 시대의 성 건축의 특징을 그대로 드러내는 아타쉬가데 성은 산의 지형지세를 이용하여 수비성을 쌓았다. 지형적 약점을 가지고 있는 지역에는 벽돌로 성벽을 추가 하여 쌓아서 견고한 진을 만들었다. 현재는 밑에서 10분 정도 올라가면 언덕과도 같은 아타쉬가데를 올라갈 수 있다. 정상에서는 주변 모습이 한눈에 들어오고 옆으로 흐르는 자얀데 강도 가슴을 시원하게 해 준다. 이러한 전경으로 인해서 수비와 경비성으로 안성맞춤이었을 것이다.

이곳은 또한 조로아스터교도들이 모여 와서 제사를 지내던 곳으로 인근에는 조로아스터교 사제들과 순례객들을 위한 마을이 존재했다. 이곳은 지금도 역사와 자신들의 종교에 관심 있는 이란인들이 자주 찾아오는 곳이다.

이곳 주변에는 이 지역의 특색을 나타내는 맛있는 케밥을 피는 레스토랑이 즐비하다.

여행을 마치며

이란에서 여행을 하면 꼭 듣는 이야기가 에스파한과 쉬라즈에 가보라는 말이다. 이란인들의 추천 속에는 그들의 자부심이 들어있다. 페르시아 고대 문명의 특징을 가장 잘 간직한 곳 쉬라즈, 이슬람 이후의 페르시아 문화와 특징을 간직한 곳 에스파한을 보여 주고 싶기 때문이다.

이란 민족은 고대에 거대한 문명을 이룬 페르시아 왕국을 세운 민족이다. 하지만 이후에 수많은 외침으로 다양한 종족과 종교의 지배를 받기도 했다.

찬란한 문명을 이룩해 보기도 하고 철저히 파괴도 당해 본 이란인들을 한마디로 표현하기는 어렵다. 이란 사람들은 매우 똑똑하고 친절하다. 아직까지 손님을 극진히 대접하는 문화가 남아 있다. 그러나 자세히 이들의 삶을 들여다보면 감정의 기복이 심하고 사람들을 잘 믿지 못한다는 것을 느낄 수 있다.

조로아스터교의 기쁨과 축제의 종교를 믿던 사람들이 일순간에 순교와 죽음의 종교인 시아 이슬람으로 개종했다(시아 이슬람은 이맘들이 모두 순교했으며 큰 모스크들은 이맘 저데라는 무덤을 중심으로 형성되었다. 그리고 많은 시아 이슬람의 절기가 이맘의 죽은 날 혹은 그의 죽은 지 40일 되는 날 등을 추모하고 있다). 또한 이슬람 혁명으로 급격한 사회 변화를 겪었다. 이들의 감정 기복이 극심한 부분들이 한편 이해가 가는 부분이다.

이러한 문화적 혼합과 충격을 겪기도 했지만 여전히 이란은 가능성이 무궁무진한 나라이다. 단순히 석유와 천연가스가 넘쳐나는 자원 부국이 아니라, 오랜 역사와 문화를 가지고 전통에 대한 자부심이 있는 나라이다. 뿐만 아니라 마음이 너그럽고 재능과 가능성이 많은 젊은이들이 넘쳐 나고 있다. 에스파한의 아름다움과 이란의 가능성을 직접 보러 이란을 방문해도 좋을 성싶다.

에스파한 제국의 흥망성쇠를 담고 있는 이란의 진주

초판인쇄 2008년 8월 15일 | 초판발행 2008년 8월 25일
지은이 유흥태
펴낸이 심만수 | 펴낸곳 (주)살림출판사
출판등록 1989년 11월 1일 제9-210호

주소 413-756 경기도 파주시 교하읍 문발리 파주출판도시 522-2
전화번호 영업 · (031)955-1350   기획편집 · (031)955-1357
팩스 (031)955-1355
이메일 book@sallimbooks.com
홈페이지 http://www.sallimbooks.com

ISBN 978-89-522-0985-6 04080
      89-522-0096-9 04080 (세트)

* 잘못된 책은 구입하신 서점에서 바꾸어 드립니다.
* 저자와의 협의에 의해 인지를 생략합니다.

책임편집·교정 정회엽

값 9,800원